四国の近世城郭

四国地域史研究連絡協議会◉編

岩田書院ブックレット

H-23

[歴史考古学系]

岩田書院

装幀◉渡辺将史

目 次

序にかえて……井上 淳 5
第一章 四国の近世城郭誕生……山内 治朋 11
はじめに 12
第一節 四国平定敗戦地での戦後処理 13
第二節 豊臣期の本城 17
豊臣大名の阿波・讃岐入部と長宗我部氏 伊予の多様性
第三節 徳川期の藩庁 22
第四節 支城の存置と終焉 24
阿波 讃岐 伊予 土佐 一国一城
おわりに 31
第二章 四国の織豊系城郭「徳島城」……酒井 勇治 33
第一節 徳島城は四国で最初の織豊系城郭 34

第二節　徳島城は水城（川城）　38
第三節　徳島城の石垣　41
第四節　東二之丸にある御天守　43
第五節　屏風折れ塀の遺構　45
第六節　水源のない山城　47
第七節　徳島城の石垣にある刻印・転用石および矢穴跡　48
第八節　徳島城と水軍基地　50
第九節　徳島城の特徴と特異性　52

第三章　高知県の中世城郭から織豊系城郭の成立……………………松田　直則　57

はじめに　58
第一節　長宗我部氏本拠の岡豊城跡　59
第二節　織豊系城郭の大高坂城跡　63
第三節　文禄・慶長の役と浦戸城　68
おわりに　72

第四章　高松城の概要と変遷……………………………………大嶋　和則　75

第一節　高松城の概要　76

第二節 高松城築城 78
生駒親正の城地選定 高松城築城以前の状況
高松城の築城過程 生駒親正の高松城は？
第三節 松平氏による高松城の改修と各曲輪の概要 83
松平氏による改修 各曲輪の概要 城としての機能の喪失
第四節 高松城の廃城 90
廃城時の状況 松平家への払下げ及びその後の利用
第五章 見えてきた伊予松山城の歴史
—近年の発掘調査から—……………………………西村 直人 93
はじめに 94
第一節 伊予松山城とは 95
築城から復元まで 城下町と縄張り
第二節 掘り出された伊予松山城 97
発掘調査と絵図 松山城下図屏風の発見
第三節 発掘調査から見た三之丸跡 99
道路と橋 排水施設と貯水施設 堀と土塁 侍屋敷
侍屋敷の出土遺物 三之丸御殿と役所 黒門

第四節　発掘調査から見た本丸跡　110
中ノ門　鍛冶と石垣改修　本壇石垣の改修
旧本壇（旧天守曲輪）と瓦　幻の五重天守
おわりに　117
第六章　宇和島城下絵図屛風の歴史的考察……………………………………井上　淳　119
はじめに　120
第一節　景観年代、制作年代の検討　121
第二節　宇和島城下絵図屛風を読み解く―城郭・浜御殿・武家屋敷―　129
第三節　発注者、絵師の検討　137
おわりに　140
参考文献………………………………………………………………………………141

序にかえて

井上　淳

本書は、平成二八年（二〇一六）に、四国地域史研究連絡協議会と伊予史談会が松山市において合同で開催したシンポジウム「四国の城を考える」の成果をまとめたものである。

四国地域史研究連絡協議会は、平成一九年に香川県高松市で開催された地方史研究協議会第五八回大会をきっかけに、その翌年の平成二〇年一一月に発足した。四国四県の地域や大学で組織されている地域史研究団体により構成されており、研究成果を持ち寄る研究大会を年一回のペースで開催してきた。また、研究大会の多くは大会後に岩田書院ブックレットとして刊行されている。これまでに刊行されたものを列記すると、以下の五冊がある。

『四国の大名—近世大名の交流と文化—』（二〇一一年四月）
『戦争と地域社会—慰霊・空襲・銃後—』（二〇一一年一〇月）
『四国の自由民権運動』（二〇一二年一〇月）
『四国遍路と山岳信仰』（二〇一四年二月）
『「船」からみた四国—近世〜近現代の造船・異国船・海事都市—』（二〇一五年九月）

各県持ち回りの研究大会は二巡して、愛媛で開催されるのも三度目となったが、第九回大会は伊予史談会が中心となり準備が進められ、四国の近世城郭をテーマとして掲げることになった。その意図については、当日配布された趣旨に記されているので、それをそのまま紹介する。

四国における近世城郭研究は、近年めざましい進展を見せています。城下図屛風などの絵画史料や古文書の研究が進み、近世城郭の姿が捉えられるようになってきました。近世城郭の発掘調査も各地で行われ、新たな遺構や遺物も数多く発見されています。

今回の大会では、四国の城郭の基本的な構造とともに、それぞれの専門分野から研究成果をご紹介いただき、四国の近世城郭の比較検討や、城郭研究を進めていくための方法論などを話し合います。

この大会趣旨に従い、各県において報告者を選定いただき、当日は五本の研究報告とともにパネルディスカッションが行われた。大会の概要は次のとおりである。

日程　平成二八年一一月六日(日)
会場　愛媛県生活文化センター
主催　四国地域史研究連絡協議会・伊予史談会
後援　地方史研究協議会
研究報告(報告順)　所属は報告時のもの

愛媛県＝楠　寛輝氏（松山市公園緑地課／伊予史談会）
「見えてきた松山城の歴史―近年の発掘調査から―」
香川県＝大嶋和則氏（高松市創造都市推進局文化財課／香川歴史学会）
「高松城の変遷と防御構造」
愛媛県＝井上　淳氏（愛媛県教育委員会生涯学習課／伊予史談会）
「宇和島城下図屛風の歴史的考察」
徳島県＝酒井勇治氏（徳島城址を愛する会／徳島地方史研究会）
「四国の織豊系城郭「徳島城」」
高知県＝松田直則氏（（公財）高知県文化財団埋蔵文化財センター／高知海南史学会）
「高知県の織豊系城郭から近世城郭の成立」

パネルディスカッション
〈パネリスト〉楠氏・大嶋氏・井上氏・酒井氏・松田氏
〈司会〉山内治朋氏（愛媛県歴史文化博物館／伊予史談会）

全国的なお城ブームもあってか、当日には約一五〇人の参加者が集まり、その模様は地元の愛媛新聞にも一一月一二日の記事として報じられた。また、本大会は伊予史談会の例会を兼ねて行われたため、各報告者の報告要旨と伊津見孝明氏による参加記が『伊予史談』三八四号（二〇一七年一月）に掲載されている。

本書は大会の各報告をもとに編集したが、パネルディスカッションで司会を担当した山内氏にも四国において近世城郭が誕生する歴史的な過程を概観する原稿を依頼した。というのも大会では各報告により個別事例を深めることはできたものの、時間の制約から討論を通じて全体像を捉えようとするところまでには至らなかったからである。山内論考を得て、本書における各論考の位置づけがより明確になったものと考える。

酒井論考は、天正一三年(一五八五)の四国平定の直後に羽柴秀吉の命により蜂須賀家政が築城を開始した徳島城を取り上げている。山内論考が記すように、徳島城は畿内から四国への玄関口に当たる最重要拠点に楔を打ち込むように豊臣大名の城として新たに築かれるが、酒井氏は、そうした四国で最初の本格的な織豊系城郭として登場した徳島城の特徴および特異性を、幅広い視野で紹介している。

松田論考は、発掘調査の成果をもとに長宗我部元親が築いた岡豊城・大高坂城(高知城)・浦戸城について検討を加え、本丸を中心とした強い求心性を発揮した城郭プラン、総石垣化や礎石・瓦葺建物への志向、外枡形・内枡形の使用、天守などの城郭の表象性の強化などを指標とする織豊系城郭が土佐で導入されていく歴史的な過程を丹念に追っている。一つの地域における近世城郭の誕生までの過程を具体的に示した論考といえる。

高松城は、天正一五年に秀吉から讃岐一国を与えられた生駒親正によって「野原」という港町に築かれたが、その後徳川政権下となった寛永一九年(一六四二)に水戸徳川家の連枝である松平家が入り、明治維新を迎えるまで居城とした。大嶋論考は、港町「野原」であった時代から、生駒氏による築城、松平氏による改修を経て、明治時代の廃城に至るまでの高松城の歴史を辿っている。考古学的な知見を中心に据えながらも、「高松城下図屛風」や絵図などの図像史料、古記録・古文書などの文献史料と組み合わせることで、長期間にわたる一つの城の歴史的な変遷が詳細に描き出されている。

松山城については、大会報告者の楠氏とともに松山城の発掘を担当されてきた西村直人氏に執筆いただいた。松山城では五〇回以上の発掘調査が行われてきたが、西村論考では最も調査が進んでいる三之丸跡・本丸跡に絞り、遺構や遺物から読み取れることを紹介している。これまでの調査成果を体系化していく試みといえる。松山城については、加藤嘉明築城時の本壇（天守曲輪）の形状が現況と大きく異なっていた可能性が指摘されているが、西村論考には、近年の設備改修にともなう立会調査で、現天守の北から東にかけて旧本壇の痕跡と考えられる栗石群が検出されたことが記されている。松山城の築城時の姿を示す新たな発見として注目される。

本書の松田論考・大嶋論考・西村論考は、近年進む発掘調査の成果に基づくものであるが、井上論考は、絵画史料である「宇和島城下絵図屏風」を研究の中心に据えている。絵画史料を研究に用いるための手続きとして景観年代や制作年代の絞り込みを行うとともに、絵図・古記録・古写真などと比較検討するなかで、元禄終わり頃の宇和島城の姿が写実的に描かれていることを明らかにしている。また、追手門前の供揃えを備えた行列の描写から屏風に込められた制作意図を考察している。

本書を通じて、四国の近世城郭に関する最新の研究成果を提示することができたのではないかと考える。その一方で、丸亀城・今治城・大洲城については、藩庁でありながらも取り上げることができなかった。また、今回紹介した城においても、今後発掘調査が積み重ねられ、「松山城下図屏風」のような思いがけない新出史料の発見により、書き加えるべきことが次々と現れるであろう。本書の刊行が契機となり、研究者の交流が深まるとともに、四国の近世城郭に関する研究が更に進展することを期待したい。

なお、本書は多くの人に読んでいただくブックレットとして刊行されるため、史料の引用は必要最小限とし、註を付けていない。史料や参照した文献については、本文中に〔執筆者　発行年〕と表記し、巻末に参考文献としてまとめて示しているのでご参照いただきたい。

第一章　四国の近世城郭誕生

山内　治朋

国史跡　河後森城跡（愛媛県松野町）

はじめに

四国の城として一般的なものは、徳島・高松・丸亀・今治・松山・大洲・宇和島・高知という江戸時代を通して藩庁とされた八か所の近世城郭であろう。高い石垣と広い水堀に囲まれ、いくつもの櫓や門を備え、高層の天守がそびえるという、いわゆる一般的な「城」のイメージを持ち合わせ、今でも往時の姿をある程度目にすることができる。藩の政庁であると同時に、大名の居住空間、さらに軍事拠点でもあった城は、藩政の中核としてその威容とともに絶大な存在感を示し、現在にいたるまで地域の象徴的存在となっている。

さて、城が軍事施設としての側面を有すること、江戸時代が戦国の乱世を収束させることで到来したことなどを顧みると、城が江戸時代に突如創出されたものではないことは容易に理解できよう。現在一般的に知られる藩庁としての城が成立するまでには、各地域で様々な歴史的変遷が存在するのである。

四国各県の中世城館跡の報告書によると、徳島県約四〇〇、香川県約四〇〇、愛媛県約一二〇〇、高知県約六〇〇にのぼる中世城館跡が確認されている〔徳島県教育委員会二〇一一、香川県教育委員会二〇〇三、愛媛県教育委員会一九八七、高知県教育委員会一九八四〕。もちろんあくまで確認された箇所数であり、未確認のものも含めると歴史上に存在した城はさらに膨大な数にのぼるであろう。これら中世城郭は、基本的には山を削って平坦面・空堀・土塁などを形成した土作りで建造物も簡易なものであったため、役割を終えると森に還るなどして現在では意識される機会も少ない。しかし、これら無数の城跡の存在は、藩庁の城に帰結するまでの地域の城郭の歴史を物語る貴重な痕跡ともいえる。

本稿は、まず四国の近世城郭の歴史過程を見る上で最初の画期といえる、羽柴秀吉の四国平定直後の城郭対策に着目しながら、統一政権到来後の様相を確認する。次いで主導権が徳川政権に移ってからの推移を追うとともに、本城以外に存置された城（支城）の配置状況や拠点城郭の整備とその終焉についても触れ、無数の中世城郭から藩庁の近世城郭へと集約される歴史的過程について概観するものである。

第一節　四国平定敗戦地での戦後処理

四国の城の重要な画期として、羽柴秀吉の四国平定が挙げられる。天正一三年（一五八五）六月、秀吉は長宗我部氏征討のため軍勢を差し向け、七月末に降伏させる。長宗我部氏は大半を手中にしていた阿波・讃岐を手放し、部分的に勢力下に収めていた伊予についても、領有権を競い合った毛利氏の一族小早川氏の領国とされ、土佐一国のみが許された。四国は統一政権の支配下に属し、近世的世界へと歩み始める。戦後、阿波は蜂須賀家政（一部に赤松則房、森兵橘）、讃岐は仙石秀久（一部に十河存保）、伊予は小早川隆景（一部に来島村上通総・得居通幸兄弟）の領国となる。秀吉は、八月四日に早くも今後の四国対応について一七条にわたる指示を、現地で指揮を執る弟秀長へ発する。

【史料】羽柴秀吉朱印状写〔毛利家旧蔵文書〕

長曽我部詑言申付而、森兵吉差上一書幷口上之趣、何も聞届候、

一[①]長曽我部実子・同家老者とも人質可相越之条、脇城・一宮事、両城主為人質主残之由尤候、城を請取、本丸へ入置人数之由尤候事、

（二条目略）

一③阿波国城々不残蜂須賀小六（家政）ニ可相渡候、然者小六居城事、絵図相越候面ハい丶の山（渭山）尤ニ覚候、乍去我々不見届事候条、猶以其方見計よき所居城可相定、秀吉国を見廻ニ四国へ何比にても可越候条、其時小六居城よき所と思召様なる所を、其方又ハ各在陣の者とも令談合、よく候ハん所相定、さ様ニ候ハ丶、大西・脇城・かいふ・牛木か丶せてよく候ハん哉、小六身ニ替者可入置候、但善所ハ立置、悪所ハわり、新儀にも其近所ニこしらへ尤候事、

一④小六居城普請事、何之城成とも、普請所へ近所ニ在之阿波一国の者として、普請自然ニ可仕候事、

一⑤淡路事ハ心安者を可置候間、野口孫五郎儀ハ小六与力ニいたし、只今淡路にて取候高頭上ニ弐三千石も令加増、小六与力ニ可仕候、其子細ハ、千石権兵衛尉（仙石秀久）ニつけて讃岐へ可遣候へ共、さぬきハ安富、又十川（十河存保）孫六郎両人者、為与力権兵衛ニ可引廻由申出候、其国ニハ与力類一人も在之間敷候間、扨々孫五郎事、目をかけ可馳走事、

一⑥森志摩守事、忠節と云、主才覚之由候条、別而目をかけ、まえより取候知行ニ加増いたし可遣之由、小六ニ可被申固事、

一⑦讃岐城々不残千石権兵衛ニ可相渡候、然者権兵衛居城も、只今何之城ニ成とも在之よき所を見計、権兵衛居城儀、権兵衛見立候て、自然ニ普請可仕候由、可申付事、

一⑧権兵衛可申聞儀ハ、安富忠切儀候間、郡切ニいたし、いつれの方へ成ともかたつけ、安富ニ遣可申由、前廉に可被申聞候、但於大坂、国儀をも聞届、権兵衛・安富召寄、知行所々可相定事、

（九・十条目略）

一⑪八郎（宇喜多秀家）儀ハ、阿波・讃岐両国城請取次第、可作開陣事、

一⑫美濃守（羽柴秀長）儀ハ、黒田官兵衛（孝高）・蜂須賀彦右衛門尉（正勝）、阿波・讃岐両国城々請取隙明、与州へ城を請取候とて罷越候刻、

可為開陣事、

一⑬孫七郎（羽柴秀次）儀ハ、いよの城ともはちすか彦右衛門尉・黒田官兵衛両人罷こし、与州城を請取候て、毛利家へ不残相渡候、其間木津ニ在之、彼国城々相渡候刻、開陣可仕候由可申付候、幷前野将右衛門尉・明石与四郎・高山右近允・中川藤兵衛、右之者とも孫七郎開陣之刻一度ニ尤候事、

一⑭伊予国へ蜂須賀彦右衛門尉・くろた官兵衛両人差遣、城々請取、小早川ニ可相渡候、自然何かと申延、城を不渡輩在之ハ、後代のこらしめに候間、為毛利家取巻悉成敗可被申付旨、小早川懇ニ可申渡旨、両人ニ可被申付事

一⑮いよの国城とも、さかい目かなめの城と申て、自然わたし候てハ如何と、はちすか彦右衛門尉・黒田官兵衛、秀吉かたへ可尋事も可在之候、早与州儀ハ小早川へ出置候上ハ、何たるおしき城成とも与州の内ならハ、此方へ不得御意、請取次第毛利かたへ可相渡候事、

（中略）

（天正十三年）八月四日　　秀吉

（羽柴秀長）美濃守殿

ここには、降伏した長宗我部元親への当面の対処のほか、長宗我部領国土佐以外の三か国の支配に向けた秀吉の最初期の姿勢を見ることができ、阿波の様相については近年すでに紹介されている〔天野二〇一二〕。まず、冒頭一・二条で降伏条件としての長宗我部氏人質の扱いを指示、引き続き各国への指示に移るが、各国の冒頭では城の請取（接収）と新たに入封する大名への引き渡しが命じられている。三条では阿波国の城を残らず蜂須賀家政に渡すこと、居城は渭山が良いとは思うが良い所を秀長や在陣衆で談合して定め、また家政の代理を配置するべきとして、良い城は

存置し悪い城は破却して近所に新城を築くことなどが示されている。七条には讃岐の城を残らず仙石秀久に渡すこと、居城は良い所を選んで築城させることとある。一三条には蜂須賀正勝・黒田孝高が伊予の城を請け取って毛利氏へ渡すこと、次いで一四条にも両人を伊予へ派遣して城を請け取り小早川隆景へ渡すこと、さらに十五条でも伊予は小早川へ与えたので伊予の城は秀吉の指示を得るまでもなく請け取りしだい毛利氏へ渡すことなどが示されている。戦後、人質という降伏条件の遂行を図ると同時に、軍事施設たる城を接収して統治権力の支配下に置くという、戦場地域の武装解除および武力装置の一元管理が早速に進められたのである。

また、開陣の段取りにも触れ、一一条で八郎（宇喜多秀家）は阿波・讃岐の城を請け取った時点で開陣、一二条では、美濃守（羽柴秀長）は黒田・蜂須賀両人が阿波・讃岐の城の請け取りを済ませ、伊予へ城請取のために向かった時点で開陣、一三条で孫七郎（羽柴秀次）は伊予の城を蜂須賀・黒田両人が請け取って毛利氏へ渡した時点で開陣とし、前野・明石・高山・中川ら諸将も同時に開陣とする。一斉の軍勢撤収ではなく、城請取の段階に応じた撤収で、城請取が開陣の前提とされており、城郭接収（武装解除）と軍勢撤収とが連動していた。迅速な城請取は、新領主による支配開始前に平定軍がいまだ駐留する中で、敗戦地の戦後処理として行われたことがよく分かる。

こうした戦後処理に係る指示のほか、今後の新領主の領国支配を見据えた指示も見える。阿波・讃岐については、三条〜八条で先の城請取と引渡に続いて居城地選定・築城の指示や、大名支配を支える与力の設置にも触れている。阿波・讃岐は、秀吉の直臣蜂須賀氏と仙石氏が入って豊臣大名の領国となったことで、秀吉の迅速かつ積極的な関与が可能になったものと考えられる。一方伊予は、居城選地・築城や与力に関する指示はなく、むしろ一五条のように城を引き渡すことに在陣衆から疑義が生じる懸念もあったようだ。

しかし、秀吉は引渡を渋る者への毛利氏による成敗を命じ、伊予は小早川氏へ与えたのだからいかなる城も秀吉に伺いを立てるまでもなく請取次第毛利氏へ引き渡すよう秀長へ命じている。平定戦以前、伊予は長宗我部氏の外圧を受けつつも、中部を中心に毛利氏と姻戚同盟関係にある河野氏らの勢力が維持されていた。平定戦後には、その河野氏縁者として伊予に旧縁があり、なおかつ直近まで秀吉と緊張状態を孕んだまま講和交渉を続けていた毛利氏の一族小早川氏へ与えられたのである。豊臣大名領国とは異なり、警戒心が払拭されない中、旧族大名領国として一定の独自裁量に委ねる方針だったようである。

第二節　豊臣期の本城

豊臣大名の阿波・讃岐入部と長宗我部氏

阿波を拝領した蜂須賀家政は、当初は一宮城に入城する。旧来、有力国人一宮氏の本拠で、長宗我部氏の下では重臣が守り、平定軍に対する主要防衛拠点ともなった要衝である。しかし、【史料】三条で秀吉は、絵図に基づき居城は吉野川河口近くの渭山が良いという考えを示している。ただ、実見していないので秀長や在陣衆で相談して良い場所を選定するよう指示している。いずれ四国へ巡視に来るつもりだったようで、その時に家政の居城が見事に思えるような場所を選ばせた模様である。

この居城普請には、【史料】四条にあるように城の近隣の者を動員することも合わせて認められている。秀吉は、阿波へは城請取や引渡の指示にとどまらず、居城候補の提案、四国巡視の意思、人足確保支援による築城推進、さらに支城の設置をも指示しており、領国支配にまで細かく関与している。結局、秀吉の提案どおり、まもなく渭山に城が築かれ、これが徳島城となる。蜂須賀氏はこのまま幕末まで徳島城を本拠に藩政を司ったため、幕末まで藩庁とされた四国の近世城郭の中では、徳島城が最初に築かれた城ということになる。

讃岐についても、【史料】五条にあるように、秀吉は阿波同様に居城は良い所を見計らって築城するよう指示している。しかし一方で、居城候補、築城方法、支城などにまでは言及していないし、居城選定・普請には仙石秀久自身の見立も指示している。秀久の裁量に委ねる面が阿波よりは多かったように見受けられ、阿波と讃岐の位置付けの違いの表れであろうか。秀久は、讃岐中部でかつて名族奈良氏が本拠とした聖通寺城へ入る。しかし、秀久は翌年の九州出兵での失態により約一年半で讃岐を没収される。次いで入った尾藤知宣もわずか四か月程で没収され、短命な支配が続いた。そして、天正一五年(一五八七)八月に生駒親正が讃岐を拝領する。当初は、讃岐東端の引田城に入るが、ここはかつて秀吉が三好氏支援のため天正一一年に讃岐へ軍勢を派遣した際、仙石秀久が拠点を置いた経緯のあるところで、畿内から讃岐へ入国する際の要衝にあたる。その後間もなくして居城移転を計画し、聖通寺城・亀山・由良山と次々検討されるが、最終的に香東郡野原庄を城地と定め築城し、これが高松城となる。

讃岐の生駒氏入部と高松城築城が大坂にとっての瀬戸内の防衛・侵略拠点であったとの指摘もあるように〔胡二〇〇七②〕、遡って阿波蜂須賀と讃岐仙石の両豊臣大名の入部も、服属間もない毛利氏と瀬戸内、さらには屈服させた長宗我部氏への抑えの役割が当然期待されよう。特に阿波は、土佐への前線であると同時に畿内から四国への玄関口であり、当時の四国戦略上の最重要地域だったはずで、秀吉の対応はまさにそのことを物語っているのではなかろうか。

対する長宗我部元親に許された土佐は、戦場とはならず平定軍の駐留もなかったことから、戦場での当面の戦後処理は発生しない。【史料】では人質の扱いに触れるのみである。阿波・讃岐とは対照的に、服属した旧族居付大名の領国支配の中での城郭政策として、従来の領国支配の延長線上も意識しつつ捉えていく作業が重要になってこよう。

従来長宗我部氏は、本拠を岡豊城に置いていた。しかし、四国制圧を目指す中で大高坂城での拠点整備に取りかかり、秀吉へ服従した後には石垣造りで天守も備えた可能性のある城へと改修を進めていた。大高坂城跡からは、秀吉から元親に下賜されたと考えられる桐紋瓦が数か所で出土しており〔松田二〇〇一、二〇一五①〕、長宗我部氏の居城に対する秀吉権力の影響が看取できる。天正一九年には、朝鮮出兵への対応も見据えつつ、太平洋に面する浦戸湾の先端の浦戸城を総石垣の城郭へと改修して本拠を移し、ここで関ヶ原合戦後の改易を迎える。

伊予の多様性

秀吉は、【史料】一二条にあるとおり黒田・蜂須賀両人を伊予の城請取のため検使として派遣するが、阿波・讃岐の請取を済ませてからの伊予下向だったようだ。しかし早くも翌閏八月には、早急に諸城請取と小早川への引渡を済ませた上で人質を連れて帰還するよう命じられる。同じ頃から新領主小早川隆景へ「国中諸城」の請取が命じられるようになる。両人から毛利氏への城引渡が軍勢撤収の前提条件とされていることからみても、両人の伊予での活動は、阿波・讃岐同様に軍勢駐留を背景とした敗戦地新居・宇摩郡周辺での戦後処理と理解できる。その他の地域は、小早川氏の領国支配の中で引き継がれ、国情を考慮しながら存廃が検討され整理が進められていく〔山内治二〇一〇〕。

隆景は、旧族大名毛利氏一族ではあるが、一方で秀吉の命令により新たに領主支配が認められた大名という意味では、たとえ伊予に旧縁が深いとはいえ、秀吉の取立によって領主権を得た大名として豊臣大名に類似する側面を持つとも言え、特殊な性格を有したといえる。城郭整理を手掛け始めた当初には、秀吉政権の関与が依然見受けられる。しかし、【史料】にもあるとおり、伊予の支配に対しては豊臣大名に対するほどの強制力ではなかったようだ。小早川氏の本家毛利氏においても、天正一四年（一五八六）四月に九州出兵を目論む秀吉から城郭の整理が求められる。しかし、「簡要城堅固申付、其外下城事」との簡潔な指示のみで、実際の城郭政策を詳しく考察した結果から見ても、政権からの具体的な強制は働かず、独自に展開されたことが明らかにされている〔光成二〇〇七〕。

隆景は当初、毛利氏と姻戚・同盟関係にあり一体化が進んでいた河野氏の本拠湯築城に入る。しかし、依然河野氏家中が滞在する湯築城とは別に、天正一四年三月には道後の主要外港三津に瀬戸内海に面する湊山城の築城を開始し、統一政権下での新城として整備を進め、同年中には一定の政庁機能を果たすまでにいたっていた〔光成二〇一六〕。ところが、九州出兵のため七月に隆景は伊予を離れ、九月頃には九州へ出陣、そのまま翌一五年に筑前へ国替となった。おそらく、城郭整理が伊予一円で完遂されることはなく、湊山城も不十分な整備に終わったものと推測される。湊山城跡には、広めの主郭と数段に連続する曲輪および若干の石積が確認できるというが〔山内譲二〇〇三〕、決して織豊系城郭として大規模に改変された痕跡を残すとは言い難い。湊山城は、その後大名の本拠とされることもなかった。

隆景に替わって伊予を領するのは、豊臣大名の福島正則と戸田勝隆である。福島正則は東伊予に所領を得て府中の国分山城、戸田勝隆は南伊予に所領を得て喜多郡大津城を居城とした。この大津城が大洲城となる。阿波・讃岐に遅れること二年、秀吉が「九州・中国之かなめ所」と呼んで堅固な支配を命じた伊予〔福島家文書〕も豊臣大名の領国となった。長宗我部氏や瀬戸内〔毛利氏〕の抑えとしての阿波・讃岐と同様に、服属させた九州や中国毛利氏の抑えの役割が伊予に期待されると同時に、それまで毛利領国に挟まれていた西瀬戸の南岸を獲得したことで、畿内から北九州にいたる海路を豊臣大名領国で掌握することに成功する〔山内治二〇一五〕。小早川筑前移封は将来の朝鮮出兵を念頭に置いた措置と評価されており〔森山一九八三〕、連動する伊予にも同様の性格が見出される。秀吉が伊予支配について発した福島正則への指示には「居城其外立置候城々、普請無由断申付、応知行人数可相拘事」〔福島家文書〕と、居城やその他城々〔支城〕の堅固な普請と知行に応じた人員確保を命じており、秀吉の積極的な関与が可能になっている。

これ以降、国分山城は関ヶ原合戦まで、そして大津城は幕末まで、領主交替を経ても領国支配の本拠として継続使用されることとなった。文禄四年（一五九五）には国分山城へ池田秀雄、大津城へは藤堂高虎が入る。この時、高虎の所領は全て宇和郡にあり大津城の位置する喜多郡は蔵入地であったため〔藤堂家文書〕、宇和郡の宇和島湾内の板島丸串城の地に板島城を築城、これが宇和島城になる。ただ、高虎は板島城に機能を集約するのではなく、所領支配の中核板島城、蔵入地の中核大津城、および予土国境の要衝河後森城の三城を重要拠点と位置付け支配を行った〔藤田二〇〇〇〕。また、同年には加藤嘉明も伊予中部に所領を得ており、古くから道後平野南部伊予郡の良港であった松前に松前城を築いて入部する。その後、慶長三年（一五九八）に、国分山城へは池田秀雄に代わって小川祐忠が入った。

これらを裏付けるように、国分山城には石垣、枡形虎口、横矢掛の屈曲、山裾の巨大方形館など、近世城郭への過渡期の要素が備わっていたといい〔宮尾二〇〇三〕、大津城では天守台発掘時に脇坂氏創建近世天守以前の大型建物遺構が検出され、豊臣期天守の存在を示唆する〔大洲市商工観光課二〇〇四〕。板島城は藤堂期に現在の宇和島城とは異なる下見板張の望楼型天守が自然岩盤上に建てられ〔城戸一九四三〕、複雑な立面構成をなす望楼型天守の中には藤堂高虎が今治城で採用した層塔型天守の基となった可能性をうかがわせる特徴も見受けられるといい〔三浦一九九四〕、河後森城でも主郭の発掘時に石垣や大型建物遺構が検出され、大型の瓦や鯱瓦も出土している〔松野町教育委員会一九九二〕。松前城でも石垣の痕跡が一帯から見付かっており〔高木一九九一〕、これが景観復原に基づく曲輪推定地の輪郭部と一致するようで、また城下町の構造には伏見城を画期に用いられた横町型が採用されているという〔富田二〇〇〇〕。

第三節　徳川期の藩庁

慶長五年（一六〇〇）の関ヶ原合戦で状況は一変する。土佐では長宗我部氏が石田方につき改易され、山内一豊が土佐一国を拝領する。ここに土佐も、中央政権の国替政策によって旧族居付大名の領国から従来無縁の新大名が支配する国となった。一豊はひとまず長宗我部氏が本拠としていた浦戸城へ入るが、かつて長宗我部元親が整備を進めた経緯がある大高坂城の地に翌六年から新城の普請を開始し、同八年には本丸・二の丸が完成、これが高知城である。

伊予でも小川氏改易や来島村上氏転封などを受け、徳川方で功績のあった加藤嘉明と藤堂高虎が半国約二〇万石ずつを拝領した。両者は慶長七年に新城の普請を開始、加藤嘉明の松山城、藤堂高虎の今治城である。ただし、高虎の所領の多くは従来の南伊予が主体であったため、板島城・大津城も支配拠点として維持された。今治城は、層塔型天守や正方形の曲輪など、以降の江戸時代の城に一般化する要素を先駆的に取り入れた城といわれる〔宮尾二〇〇三〕。また、この時築かれた加藤期の松山城については、近年絵図資料等の研究や発掘調査の成果などから、特に本壇（天守曲輪）構造について久松松平期のものとは異なっていたとして、一躍注目を集めている。

しかし、伊予の大名配置がこれで固まったわけではなく、以降もしばらく国替が続いた。慶長一三年には高虎が伊賀・伊勢へ転封、板島城は富田信高が居城とし、大津城は翌一四年に脇坂安治が居城とした。ただ、今治城は高虎養子の高吉が残留した。この時各大名の本拠となった四城が、以降江戸時代を通じて藩庁の城となるのである。

ところで、この時の国替は全国規模で行われたようで、その背景に関ヶ原合戦以降も西国に豊臣恩顧大名が多数温存され徳川権力の浸透が進まない徳川政権にとって、この残された課題を克服すべく、豊臣勢力に対する大坂包囲網を強化する重要な意味があったと考えられている。その中で高虎に関しては、藤堂支配が継続した今治城や芸予諸島の支城甘崎城は安芸福島正則の監視の役割を担い、高虎の大津城へ脇坂安治が入る代わりに安治の淡路洲本城へ高虎が城番を入れたことにも、紀淡海峡の要衝を徳川政権が掌握する意味が指摘されている。さらに板島城も九州大名の抑えの役割を担ったとされ、慶長一八年に富田信高が改易されると再度高虎が預かり、大坂情勢が緊迫するこの時期に改修を施している〔藤田二〇〇一〕。高虎が深く関与した伊予の国替や城郭政策には、関ヶ原合戦以降支配体制の確立を目指す徳川政権の思惑が強く働いたようである。

その後、板島城は慶長一九年に伊達氏が城主となり、後に宇和島城と改称される。宇和島城は、伊達期の寛文年間（一六六一～七三）の改修で、現存の天守に建て替えられた。大津城は元和三年（一六一七）より加藤氏が居城とし、後に大洲城と改める。松山城は寛永四年（一六二七）からの蒲生忠知を経て寛永一二年に久松松平氏、今治城も藤堂高虎の養子高吉を経て同年に同じく久松松平氏が城主となる。松山城は久松松平氏により大規模な改修が施されるが、その詳細については本壇構造変化の問題も含め今後の研究の進展に期待したい。

讃岐と阿波では関ヶ原合戦での領主交替はなかったが、讃岐では寛永一七年に生駒氏が御家騒動により大幅減封の上で移封される。讃岐は二分され、まず翌一八年に山崎家治が西讃岐を拝領し、かつて生駒氏が西讃岐の拠点として一国一城令の廃城まで使用した丸亀城に本拠を定め、寛永二〇年に再築した。丸亀城は、さらに万治元年（一六五八）に山崎氏に替わり京極氏が居城とし、引き続き改修が続けられ、現存の御三階櫓（天守）を同三年に築くなどした。また、東讃岐は生駒氏移封の二年後の寛永一九年に、水戸藩初代徳川頼房長男の松平頼重が拝領、高松城を居城とし、正保元年（一六四四）から改修にも着手した。

高松城と丸亀城の改修は大規模で、瀬戸内海に面して石垣と櫓で威容を誇るものになった。城内外の接続も陸側から海に近い側へ大手が付け替えられるなど、海への意識がうかがえる。瀬戸内海の監視の目的もさることながら、海上交通を通じて西国への権力誇示を図る徳川政権の意図が垣間見える。さらに、同時期に松山城でも大規模な改修が施された事実も興味深く、徳川一族入封や城郭整備による瀬戸内海での徳川権力の強化と誇示の狙いが示唆される。

第四節　支城の存置と終焉

阿波

阿波では、「阿波九城」で知られる九城（一宮・牛岐・仁宇・海部・撫養・西条・川島・脇・大西）が存置され、譜代の重臣に知行地を付けて配置され、領国支配の一翼を担った。【史料】を顧みると、三条で秀吉は蜂須賀家政の代官を配置することを命じ、良い所は存置し、悪い所は破却して近隣に新しく普請するよう指示している。ここで大西・脇・海部・牛岐の名が挙がっているが、この後この四城は阿波九城として存続される。支城を配した領国支配は、当初から秀吉が示した意向でもあり、豊臣大名の支配に対する政権の主導力がうかがえる。

九城のうち、まず一宮城は蜂須賀氏が当初入城した経緯を持ち、脇城は阿波北部の内陸、牛岐は南部の主要河川那賀川の河口と、いずれも阿波の北東部・北西部・南部の支配の要地に位置する。そのためか、一宮・脇はかつて平定戦で長宗我部氏の主要防衛拠点となっていた。撫養城は讃岐・淡路との国境に近く畿内からの玄関口、海部城は土佐国境に近く、大西城は讃岐・伊予・土佐の国境に近く各国を結ぶ四国中央部の交通の要衝で、いずれも国境警備に効果的である。また、入部当初の蜂須賀氏は、対外的な土佐長宗我部氏への警戒に加え、国内での山間部の土豪一揆という課題に直面した。仁宇城は土豪一揆の拠点の一つで那賀川中流にある南部山間部の抑え、牛岐城はその那賀川河口で仁宇谷入口にあたり、西条城・川島城は吉野川中下流域で土豪一揆の発生地大栗山に近く、大西城は阿波西部でこれも土豪一揆の発生地祖谷山に近く、これらは入部時の土豪一揆発生地の抑えに位置している。

阿波九城については、国内の抵抗勢力対応を意識し国内有事に備えた配置だったとの指摘がある〔福永二〇〇七〕。こうして見ると、秀吉が話題に挙げた四城は、旧族大名領国の土佐・伊予国境警備や、北部・南部支配の拠点といえ、阿波九城は、これらを存置するとともに、合わせて北東部の国境管理と支配の拠点、そして反乱防止の拠点を加えた配置のように見受けられる。

讃岐

讃岐では生駒支配の中で、かつて仙石秀久が讃岐戦略の拠点とし生駒氏も入部当初入った経緯のある引田城を、領国東端の抑えとした。一方西讃岐でも、慶長二年（一五九七）に丸亀城が改修され拠点とされた。また、この他にも讃岐には織豊系の改修を感じさせる城や、一国一城令まで使用されたという記録の残る城もあるようだ〔香川県教育委員会二〇〇三〕。讃岐西端近くに石垣を多用し枡形虎口も備える九十九（つくも）城が存在することから、早い段階に織豊系城郭による支城網が構築されていたとの指摘もなされている〔池田二〇〇五〕。

讃岐でも、仙石氏入部当初は長宗我部勢力残党の拠る城があったようで〔香川県教育委員会二〇〇三〕、生駒氏入部時においても在地土豪による抵抗が警戒され、反乱防止と家臣団の充実を兼ねて在地勢力を懐柔し登用している。当初段階においては、抵抗に備え国内を静謐する目的も大きかったと推察される。仙石氏入部にあたり、【史料】五条で秀吉が安富氏・十河氏を与力に付ける指示を出しているが、この寒川郡の安富氏や山田郡の十河氏らの存在が、いまだ混乱の残る領内で特に東讃岐の抑えとなっただろうし、自身が西寄りの聖通寺城に入ることで、国内統制を効果的にしたであろう。続く生駒氏も、入国にあたってまず玄関口の引田城で国情を把握しながら、早急に適切な居城選定を行って支配に好適な讃岐中部に移城、国内統制や瀬戸内・土佐に備え支城網を整備したものと考えられる。

伊予

伊予では、小早川隆景が国中の城郭整理を進めるが、一様に進展できるものではなかった。伊予は四国平定にいたるまで内発的にも外圧的にもまとまることはなく、小早川領国となった当初の伊予国内には独特の地域性が存在し、これに由来して城郭政策の適用へも段階差が生じていた。長宗我部氏の勢力圏であったため戦場となった東伊予の新居・宇摩郡周辺、伊予中部を中心に小早川氏とも旧縁の深い旧河野氏支配圏、毛利・河野と敵対して秀吉に直属した来島村上領、長宗我部与同勢力のため抗争の続いた喜多郡、旧領主が求心力を維持する宇和郡、と概ね分類される。平定戦後に敗戦地周辺では戦後処理の中で秀吉政権の主導とともに整理が進み、天正一四年(一五八六)三月頃までには河野氏の勢力圏伊予中部のほか、敵対勢力圏の来島村上領や喜多郡でも存置候補の絞り込みが概ね進んでいた。さらに、旧主西園寺氏らの領域宇和郡へも徐々に適用していくことを目指していた(山内治二〇一〇)。領内統制や政策遂行の円滑化のためには、単に敵対勢力の制圧を果たすだけではなく、旧来の因縁や旧縁への配慮や調整も求められたのである。

そうした中で、天正一四年三月五日に小早川隆景は、目途が立ちつつあった伊予中部から喜多郡にかけての地域を対象に、来島村上領や喜多郡という敵対勢力を意識しながら整理方針案を家臣に提案・相談している(浦家文書)。これに存置候補として一〇城が挙げられている。本拠の「当城」(当時本拠を置いた湯築城か)、喜多郡の中核大津城、喜多郡への海陸路の要衝本尊城・千里城、来島村上氏の野間郡・風早郡の本拠来島城・賀島城、その風早郡境にあって伊予灘航行の要衝興居島、同じく野間郡境の小湊城、平定戦での制圧地との境界領域にあたる櫛部城・壬生川城である。また、喜多郡の玄関肱川下流の祖母井城・瀧之城・下須戒城は一城に役割を集約したいともある。すなわち、地域支配のための中核拠点を除けば、平定戦制圧地・来島村上領・喜多郡という敵対勢力圏との境界領域を警戒・監視するに効果的な城が選択されている。これら存置城郭には一定の領地が付随することが条件だともしている。

ところで、この隆景提案に土佐国境への対外警戒を意識した城は登場しない。しかし、平定戦以前から毛利氏と関係が破綻して最終的に敵対した長宗我部氏へは、警戒心が働いたと考えるのが自然であろう。実際、櫛部城・壬生川城は国内対応とはいえ、旧長宗我部勢力圏との境界という意味では実質的にその先の長宗我部氏を見据えた警戒とも取れよう。ここで留意すべきは、この提案があくまで政策遂行途中に家臣と相談するために発せられたものということである。土佐を意識した城は、別途の協議や、今後予定される宇和郡の検討に含むなどの可能性も否定できないことを付言しておきたい。

続く豊臣大名の福島正則や戸田勝隆の城郭政策については不明な部分が多い。東伊予を拝領した福島正則への秀吉の指示には、知行に応じた人員を配置すべき城々が存在した事実が見えた〔福島家文書〕。一方で、小早川期の残した課題を顧みると、依然旧主求心力が残る宇和郡への対策は一つの懸案ではなかったか。南伊予を拝領した戸田氏が行ったとされる強硬な支配は、豊臣大名として忠実に政策遂行を目指し、こうした課題に立ち向かった表れとみなすことができ、おそらくは諸城郭の接収や破却についても強制力とともに実行したものと推察される〔山内治二〇一〇〕。

藤堂高虎や加藤嘉明にも支城が確認されている。藤堂高虎は、南伊予時代には所領の板島城、蔵入地の大津城、土佐国境の河後森城の三城を重視したが、関ヶ原合戦後に伊予半国を領有すると、加藤領と南伊予領との境の灘城に一族を入れ、東伊予に今治城を築き始めると、芸予諸島の国境の甘崎城、さらに甘崎城との中継地点に繋ぎの城として小湊城を築き、一族・家臣を入れるなどした。またこの他にも、喜多郡の肱川河口の長浜城、宇和郡の吉田湾岸の吉田城、所在の特定しがたい塩泉城も存在した〔藤田二〇〇〇〕。小島の甘崎城が、高虎によって周囲を石垣が取り巻く城郭に改変され、現在も干潮時に痕跡が姿を現すことはよく知られる。

加藤嘉明も、伊予東端川之江城（仏殿城）、松山と高知を結ぶ街道沿いの大除城、知行地が入り組む東伊予藤堂領との境の拝志城に重臣を配した〔宮尾二〇〇二〕。川之江城には石垣・枡形虎口・瓦葺建造物が存在し、大除城にも石垣の多用や枡形虎口が確認でき、登り石垣の痕跡も残るといい〔池田一九八七、宮尾二〇〇二〕、拝志城は浜堤の後背湿地を利用した堀で固めた単郭の城と指摘されている〔日和佐二〇一一〕。この他、やはり知行地が錯綜する桑村郡の壬生川城や新居郡の中核高峠城（土居構）についても使用された可能性が指摘されている〔日和佐二〇〇三、藤田二〇〇六〕。

領内の反乱防止というよりも、この頃になると領国境を意識して対外警戒に重点を置くようになったように見受けられる。もちろん、藤堂領の長浜城や吉田城、加藤領の大除城などは、立地からすると喜多郡・宇和郡や浮穴郡山間部（久万山）の支配拠点としての役割が想起され、依然、支配拠点としての支城も想定すべきである。

土佐

土佐では、従来長宗我部氏が要衝に家臣を配置していたが、統一政権下に入った後も要地の城は依然使用されている。特に西部幡多郡の中核中村城では、石垣や瓦葺礎石建物が構築されたことが分かっており、豊臣大名が配された南伊予との国境を意識して整備されたとの指摘もある〔松田二〇一五②〕。また、東部安芸城の香宗我部氏や、伊予中部と繋がる街道沿いの佐川城の久武氏など、主要な城郭は引き続き重臣が守った。そして、高知平野周辺の小規模城郭からは、天正一三年（一五八五）の平定戦敗北の頃に改修したとみられる構造が随所に確認できるという〔池田二〇一二〕。新たな技術的影響を受けて改修され継続使用された城が、特に統一政権服従当初には相当数存在していたとみられる。しかしその一方で、天正一五年以降に順次まとめられた『長宗我部地検帳』には、すでに荒廃したり古城と称されたりする城跡地が散見され、放棄された城が存在していたのもまた事実である〔長宗我部地検帳〕。

関ヶ原合戦後に入部した山内一豊も、安芸城・佐川城をはじめ、北部山間部の本山城、南伊予に繋がる要衝の窪川城、西端で伊予国境の宿毛城に、知行地のほか城付随の城領も付して重臣を配置、特に中村城には弟の山内康豊を置いた。これらのうち安芸城を除く各城跡では、主郭部に石垣遺構が確認されている〔石畑二〇一六〕。新入封大名山内氏の入部に伴い、他国でも見られたように浦戸一揆・滝山一揆などの旧勢力の抵抗が生じたことはよく知られている。やはり当初にはこれら抵抗に備える国内静謐の意味が大きかったことが推察され、支城の配置にはこの内的要因が強く働いた可能性が高く〔石畑二〇一六〕、支城設置による克服と領国支配基盤の強化が目指されたものと考えられる。

一国一城

元和元年（一六一五）、幕府からいわゆる一国一城令が発せられ、四国の諸城も廃城へと向かうこととなる。

阿波九城は、廃城期について従来から議論があり、元和元年と寛永一五年（一六三八）の二つの契機をどう捉えるかで見解が分かれるものの、最終的には寛永一五年に破却および城番徳島集住により完全に終焉を迎え、阿波の城は徳島城に一元化される〔宇山二〇一四〕。なお、同じ徳島藩領でも、元和元年に蜂須賀領に加わった淡路の城は様相が異なる。当初由良城に城代を置いて淡路支配の拠点とし、その後寛永八年から四年をかけて洲本城へと拠点が移され、かつて脇坂安治が築いたものの一時廃城となっていた洲本城の山麓部分を改修して居館を整備し、以降、家老稲田氏が城代となって淡路支配の拠点とされた。

讃岐でも、引田城では櫓台や虎口の石垣の破却、丸亀城では石垣隅角部の破却といった破城の痕跡が確認されており、元和段階で概ね幕府の意向に沿った城割が行われたと考えられている〔東二〇〇九〕。なお、丸亀城についてはその後立藩された丸亀藩の藩庁として改修され、再び使用される。

伊予の支城については、使用期間がはっきり分かるものは少ない。一国一城令が破城の画期とはなろうが、引き続き存置されたとみられる城郭が見受けられること、それらが段階的な城割により寛永四年の蒲生忠知松山入部の頃までに廃城を迎えるも、中には「古城」と位置付けられ依然として緊急時の要塞となりえたものもあったことなど、興味深い見解も示されている〔藤田二〇一六〕。

土佐でも、やはり一国一城令が契機となった。元和元年末段階で支城の破却は完了しつつあり、検使の見分も行われ、幕命を受けて強力に破却を進めたこと、しかしその後もしばらくは「古城」として軍事拠点の機能を維持していたこと、しだいに軍事的機能も消失して麓の居館を拠点に地域支配が続けられるようになったことなどが指摘されており、また各城では石垣隅角上部の破却や石垣中ほどのV字状の崩壊といった、一般的な破城の作法による破却の痕跡が散見されるという〔石畑二〇一六〕。

元和元年の一国一城令を契機に、各藩では幕命に基づき藩庁となる本城を残して破城を実行していく。しかし、破城とされて「古城」と称されるようになってからも、実質的には依然使用可能な状態にあり、実態としては一定の機能を維持する城も存在した。だが、天草・島原の乱の発生などから軍事拠点たる城郭の規制に一層の徹底を図ろうとする幕府の意向もあり、寛永期頃にはほとんどの城が実質的にも役割を終えたとみられる。

おわりに

四国平定により統一政権の支配下に入った四国では、まず戦場地での戦後処理として無数の中世城郭の整理が始まる。城の接収と新領主への引渡が行われ、新領主は存置すべき城を絞り込んでいく。秀吉直臣が送り込まれた豊臣大名の領国では、政策を忠実に実現することが使命でもあったため、中央政権の主導が強く働き、大名配置や城郭政策の上では西国の服属大名の監視や広域ネットワーク形成も意識された。徳川期になっても、西国の豊臣系大名への警戒や徳川権力の浸透・強化に利用された。

統一政権下の城郭配置に全国規模の政策方針が作用する場合もある一方で、各領国で直面する実情に則した配置も行われた。新大名の入封国では、入部当初に抵抗勢力を抱え、対外的には長宗我部領国土佐も控え、敵対勢力に備えるための軍事拠点を必要とした。安定的支配を実現する上で、単に行政的支配の拠点としてだけではなく、領国静謐や対外警備の軍事的役割が強く求められた。

領内が安定するに従い徐々に比重が領国支配拠点に移り、徳川権力下で元和偃武を迎え大名間の警戒が緩和されると、城は実質的に藩政庁の役割が中心になる。同時に一国一城令の発令を受け、しばらくは機能維持する城もあったものの、かつて無数にあった四国の城は四国平定から数十年を経て、最終的に藩庁の一城に集約されることとなった。

第二章　四国の織豊系城郭「徳島城」

酒井　勇治

徳島城鷲の門

第一節　徳島城は四国で最初の織豊系城郭

織豊系城郭という言葉がある。城好きの人には常識的な用語であるが、一般的にはあまり馴染みがないのか「それって何ですか?」と良く聞かれる。

織豊系城郭については、千田嘉博氏が次のように述べている（千田・小島二〇〇二）。「織豊系城郭とは織田信長や豊臣秀吉とその家臣たちが築いていった、一貫した系統性をもった中・近世移行期の一群の城郭を指す。織豊系城郭は、本丸を中心とした強い求心性を発揮した城郭プラン、城郭の総石垣化、および礎石建ち・瓦葺き建物などによる永久施設への指向、外枡形・内枡形など虎口空間をもつ特別な出入り口の使用、天守など城郭の表象性の強化、などを指標とする」。

具体的には、①高石垣の導入、②礎石建ち、瓦葺き建物の採用、③天守の設置などであるが、その嚆矢は信長によって築かれた安土城である。

それまでの城は、土が成ると書いて「城」といったように、土塁・切岸・空堀・竪堀・土橋など、ほとんどが土で築かれていたが、それを石積みで高石垣・総石垣の城を築くようになった。また、城内の建物は、掘立小屋であり板葺き屋根が主流であったが、礎石の上に柱を建て、瓦葺きの屋根とした。さらに、信長は城郭の表象性を強化するために、画期的な天主を建造した。

年代的には、天正四年（一五七六）の安土城の築城から、元和元年（一六一五）大坂夏の陣後の「元和一国一城令」発布の約四〇年間に築かれた城を言うが、その後も基本的には織豊系城郭の流れを汲んで築かれており、日本の築城技術はこの時期に完成したと言って良い。

徳島城は天正一三年に、豊臣秀吉の命により蜂須賀家政が築いた城であり、典型的な織豊系城郭である。それも比較的早い時期（安土城より数えて十数番目）に築かれた城である。

天正一三年当時の四国はどのような状況下にあったかと言うと、天正三年に土佐一国を平定した長宗我部元親が四国の各地にじわじわと勢力を拡張し、天正一三年の春頃には、四国全土をほぼ影響下においていた。

一方、織田信長の遺志を継いで天下統一をめざす豊臣秀吉が、いよいよ本格的に四国攻めを開始したのが同じく天正一三年の六月の中頃であった。

秀吉軍は三方から四国を攻めた。まず一番西の方から、現在のしまなみ海道のあるあたりを通って、小早川隆景、吉川元長の率いる毛利の軍勢三万が伊予（愛媛県）を攻めた。また、瀬戸大橋のあるあたりを通って、宇喜多秀家、蜂須賀正勝・家政父子、黒田官兵衛の率いる二万三〇〇〇の軍勢が讃岐（香川県）を攻めた。

四国攻めの総大将は秀吉の弟、羽柴秀長であるが、三万の軍勢で阿波（徳島県）を攻めた。また、甥の秀次も三万の軍勢で、淡路を通り阿波を攻めた。総勢一〇数万の軍勢で四国を攻めたのである。

この頃、秀吉軍は兵農分離をしており、完全にプロの軍隊を形成している。一方、受けて立つ長宗我部軍と言えば、半分農民、半分武士の一領具足を主力とした四万の軍勢である。四〇日あまりの間に各地の戦で敗れた長宗我部元親は、土佐一国を安堵して貰うことを条件に秀吉に降伏する。

長宗我部元親が去った後の阿波国の内一七万五七三八石を、秀吉は初め、墨俣（すのまた）一夜城築城以来の古参の重臣である蜂須賀正勝に与えようとしたが、正勝が老齢（当時六〇歳）を理由に辞退したので、二八歳の息子家政に与え、家政に命じて徳島城を築かせたのである（その他、阿波国内には置塩領一万石と兵橘領一〇八二石があった）。

表1　徳島城と阿波国の歴史

西暦	年号	月日	記事
一五八五	天正13年	6月	蜂須賀正勝・家政、豊臣秀吉の四国攻めのため讃岐・阿波に攻め入る。
		8月	家政が阿波国17万5千石を与えられる。渭津を徳島と改め徳島城を築く。 この年、家政は、重臣を一宮城・脇城などの城番に任命し、支城駐屯制をとる(阿波九城制)。
一五八七	天正15年	3月	家政、九州攻めに参陣する。
一五九〇	天正18年	3月	家政、小田原攻めに参陣する。
一五九二	文禄元年	3月12日	家政、朝鮮出兵に参陣する(第1次)。
一五九七	慶長2年	2月	家政、朝鮮出兵に参陣する(第2次)。
一六〇〇	慶長5年	8月	家政、阿波国を豊臣家に返上して、高野山に隠居し蓬庵と号す。
		9月15日	蜂須賀至鎮、関ヶ原の戦いに徳川家康方へ参陣し、戦後、家康より阿波国を与えられる。
一六一四	慶長19年	11月18日	至鎮、大坂冬の陣に参陣する。
一六一五	慶長20年	5月	至鎮、大坂夏の陣に参陣する。戦後、淡路国が加増され25万7千石となる。
一六一八	元和4年	1月1日	「御壁書」23ケ条が制定され、徳島藩の祖法となる。
一六二〇	元和6年	5月	幕府の命で藩主蜂須賀忠英の後見のため、蓬庵が徳島城西之丸に入る。
一六二七	寛永4年	7月2日	蓬庵により御国法7ケ条(「裏書」)が出される。
一六三六	寛永13年		徳島城奥御殿が完成する。
一六三八	寛永15年	2月2日	忠英、島原の乱鎮圧のため参陣を命じられる。 この年、幕府の「一国一城令」により、徳島・洲本の二城となる。
一六五五	明暦元年	11月29日	幕府、徳島城修復工事を許可する。

西暦	和暦	月日	事項
一六五七	明暦3年	5月	徳島城石垣破損につき修復普請を幕府に申請する。
一六七八	延宝6年	10月19日	蜂須賀隆重、新田5万石を分与される。
一六九〇	元禄3年	4月6日	幕府、徳島城修復普請工事を許可する。
一七〇〇	元禄13年	2月29日	幕府、徳島城外曲輪他の石垣修復工事を許可する。
一七三八	元文3年	3月11日	幕府、徳島城石垣他の修復普請工事を許可する。
一七六六	明和3年	5月	御殿を改築する。
		11月	蜂須賀重喜、佐古山に儒葬墓所「万年山」を建造する。
一七八五	天明5年		幕府に願い出て堀川を浚渫する。
一七九九	寛政11年	3月	蜂須賀千松丸（斉昌）の武術稽古殿等を西之丸に建設する。
一八〇五	文化2年	8月	御殿を改築する（文化9年にも改修）。
一八四三	天保14年		蜂須賀斉昌隠居に伴い、西之丸御殿・お花畠庭園を増築整備する。
一八六八	明治元年	1月3日	鳥羽伏見の戦いに出兵する。
		8月23日	東北戦争で会津攻めに出兵する。
一八六九	明治2年	1月17日	西之丸に学問所「長久館」を開設する。
		6月24日	版籍奉還。蜂須賀茂韶、徳島藩の知藩事に任命され、徳島城を藩庁とする。
		12月	茂韶、徳島城を出て南浜御殿に移る。
一八七一	明治4年	7月14日	徳島県が設置される（廃藩置県）。
一八七二	明治5年		城地が陸軍省の管轄となる。
一八七五	明治8年	5月	鷲の門を残し、城内の建物すべてを解体する。

の状況であった。

また、讃岐国は仙石秀久・十河存保に、伊予国は小早川隆景・安国寺恵瓊などに与えた。それが天正一三年の四国

こうして四国にも織豊系城郭が築城されることになり、徳島城は四国で最初の本格的な織豊系城郭として築城された。徳島城の歴史については表1を参照いただくこととして、本章では、徳島城にどのような特徴および特異性があるのか具体的に述べてゆきたい。

第二節　徳島城は水城(川城)

城は存在する城地の地形により、平城・平山城・山城の三つに分けられる。平城は平地部に築かれた城で、四国では高松城(香川県)や今治城(愛媛県)などがある。平山城は平城と山城を組み合わせて築かれた城で、四国には数多くあり、高知城(高知県)、丸亀城(香川県)、松山城(愛媛県)、大洲城(愛媛県)、宇和島城(愛媛県)、徳島城(徳島県)などがある。

山城は山の上に築かれた城で、徳島では一三番札所の大日寺の裏山にある一宮城などがそれにあたるが、全国的にみれば、備中高梁にある備中松山城(岡山県)や、天空の城と言われている竹田城(兵庫県)などが有名である。

その他に「水城(すいじょう)」と呼ばれる城がある。水城の定義は、「河川、湖沼、海などの水利を防御の主体にした城。城の拠る場所によって海城・湖城・川城・沼城などという。みずしろ」と言われているが〔井上一九七八〕、徳島城は、自然の河川を巧みに城の防御に利用した典型的な水城(川城)である。

徳島城は、四国三郎と呼ばれる大河吉野川河口部の、沖積平野にある分離丘陵の猪(渭)山(城山、標高六一・七m)を

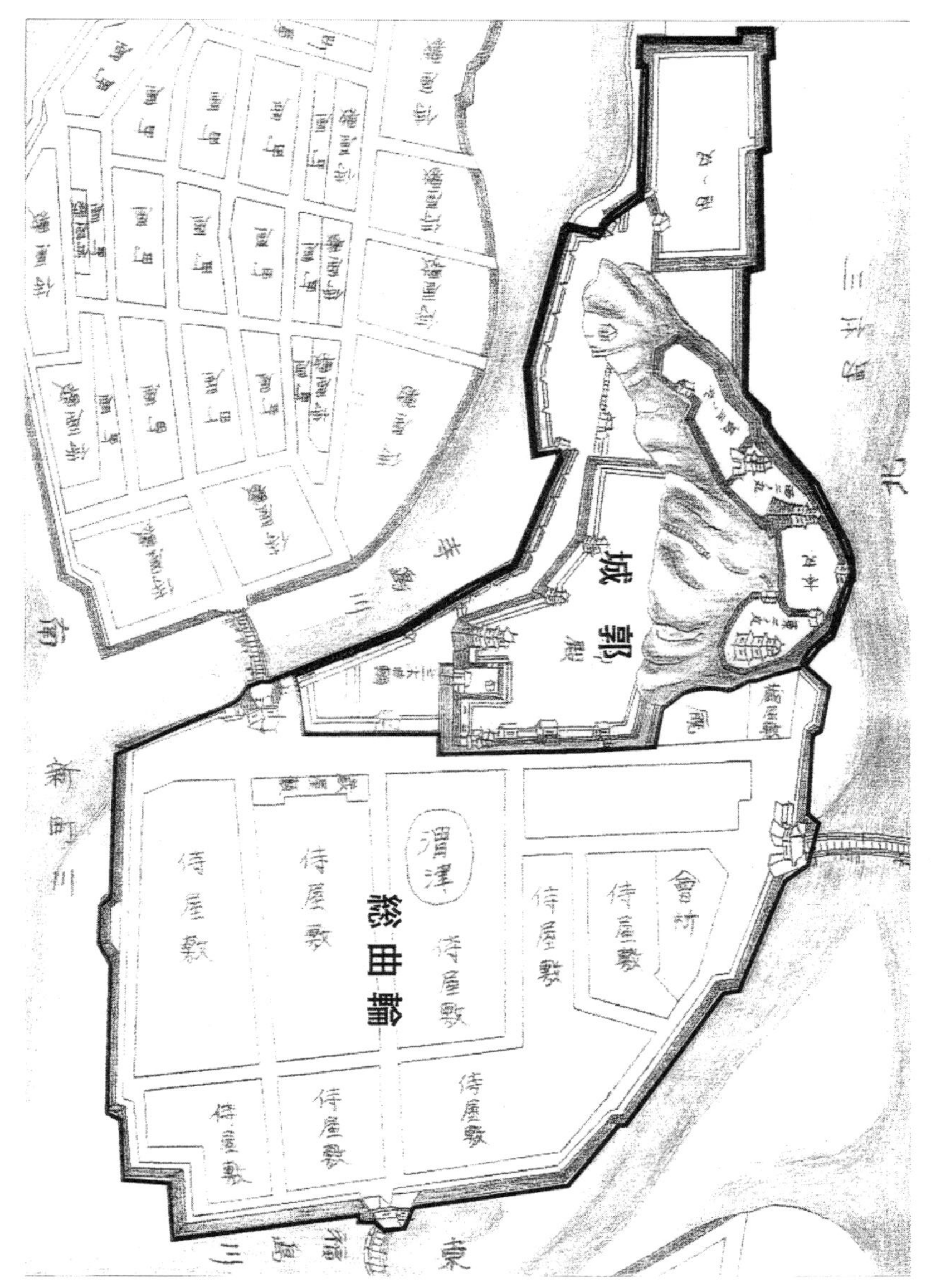

図１　阿波国渭津城下之絵図（部分）
国文学研究資料館蔵『阿波国渭津城下之絵図（阿波国徳島蜂須賀家文書）』より作成

図２　助任川から城山を望む

中心として、東を福島川、南を寺島川（現、廃川）と新町川、北を助任川に取り囲まれた要害の地に築かれている。また、山城と平城で構成される連郭式平山城で、その主たる防御線は、福島川・寺島川・新町川・助任川などを自然の外堀に見立てて、川に囲まれた地域、渭津（徳島）全体が総曲輪であったと考えられる。さらに、城山を中心に、南を寺島川、北を助任川に挟まれ、東に人工の堀川を掘り、西に西之丸を置く範囲が城郭部分となっており、戦国時代末期の特徴を色濃く残した質素な城であった（図１）。

現在、寺島川は埋め立てられ徳島駅ができてレールが敷かれて見る影もないが、それまでは、海から直接船で寺島川沿いにあった塩蔵門まで、城内の生活物資（米や塩など）を運び入れていたという大河であった。

また、助任川も江戸時代に描かれた城下絵図を見ると、現在の川幅の約三倍の川幅があったように描かれている。この二つの大河に挟まれて築かれた徳島城は、まさに水城（川城）と言っても過言ではない（図２）。

井上宗和氏は、「徳島城は、川の流れを巧みに城造りに取り入れた川城では日本一であった」と述べている〔井上一九九四〕。その他、織豊系城郭で川城と言われているのは、岡山城（岡山県）、中津城（大分県）、淀城（京都府）などがある。

なお、日本三水城は、高松城（香川県）、今治城（愛媛県）、三原城（広島県）と言われており、いずれも瀬戸内海に面した水城（海城）である。

三原城は永禄一〇年(一五六七)小早川隆景によって築かれ、毛利水軍の拠点として整備された。慶長五年(一六〇〇)関ヶ原の戦い後、福島正則の時代に大幅な改修が行われたが、満潮時には海に浮かんでいるように見えることから、「浮城」と呼ばれた。現在は城郭部を山陽本線と新幹線が通り、巨大な天守台の石垣は残っているものの、昔の水城(海城)の面影はない。城の栄枯盛衰も非情なものである。

第三節　徳島城の石垣

徳島城の石垣は、殆どが結晶片岩(緑色片岩・紅簾片岩など)で築かれている。日本最大級の断層中央構造線は、関東地方から紀伊半島を通り、四国を横断し九州まで伸びているが、この中央構造線沿いの三波川帯に分布する三波川変成岩(結晶片岩)で石垣が築かれている城は、全国でも徳島城だけと言っても過言ではない。

しいて言えばもう一カ所、和歌山城(和歌山県)があるが、和歌山城の場合、天正一三年(一五八五)の羽柴秀長(城代、桑山重晴)の時代、慶長五年(一六〇〇)からの浅野幸長の時代、元和五年(一六一九)の徳川頼宣の時代と、城主が替わるたびに縄張りを変え石垣を築き直しているので、築城当初の紀州の結晶片岩で築かれた石垣は、現在ごく一部にしか残っていない。

その点、徳島城は天正一三年蜂須賀氏が入国して以来、明治維新まで蜂須賀氏が続き、城主の系統が替わらなかったので、築城当初の縄張りや石垣が比較的良く現存している。したがって、このように殆どが結晶片岩で築かれた石垣を持つ城は、日本全国で徳島城だけである。

徳島城は、天正一三年豊臣秀吉の命により蜂須賀家政が築いた城であるが、山城部には天正期の石垣や文禄・慶長

図３　本丸の天正期の石垣

図４　月見櫓の石垣

期の石垣が残っている（図３）。また、本丸東北部の隅角部は算木積みの完成前の形が見られ、西三之丸付近の石垣には石を縦長に築いた隅角部も見られる。天空の城と言われる竹田城（兵庫県）にも、隅角部を縦長の石で築いた箇所が何カ所か見られるが、古い形を残した積み方と考えられている。

分離丘陵の山城部（城山）自体が三波川変成岩（結晶片岩）で構成されているが、石垣の石には徳島城の西南約一kmの所にある、眉山で採石されたと思われる結晶片岩が多く使われている。眉山には、佐古大谷（現、南佐古一〜二番町）と、富田山麓（現、伊賀町）にあった本玄寺（現、廃寺）裏に、石切り場跡と思われる場所が残っている。

平城部には、文禄・慶長期から幕末、明治までの、さまざまな石垣を見ることができる。築城当初の大手門は、下乗橋を渡った枡形にあった黒御門と考えられるが、枡形の左右の石垣を比べて見るだけで築いた時代の違いが分かる。

太鼓櫓に続く方の石垣は切込み接ぎと言われる面を加工した石で築かれており、隅角部は完成された算木積みを成している。おそらく後から積み直された石垣であろう。

月見櫓側の石垣は、野面積みあるいは乱積みと言われる積み方で、慶長期段階の石垣が残ると言われている(図4)。また、堀川沿いの石垣も、慶長期には成立していたであろうと北垣聰一郎氏は言っている。

竜王の楠を右手に見ながら西之丸屋敷へ行く途中、右手に整然とした切込み接ぎあるいは布積みの石垣が続いているが、享和二年(一八〇二)の「徳島画図」(個人蔵)を見ると石垣は描かれていない。

天保一四年(一八四三)一二代藩主蜂須賀斉昌が隠居し、徳島城西之丸屋敷で暮らすことになったが、西之丸屋敷の拡幅に伴い、石垣が築かれたものと考えられる。なお、幕末頃に築かれたと言う説もある。

北垣氏も言っているが、徳島城は、まさに「石垣の野外展示館」の様相を呈していると言っても過言ではない。是非、結晶片岩の素晴らしい石垣を見に、徳島城跡に足を踏み入れていただきたい。

第四節　東二之丸にある御天守

一般的に、平城と山城を組み合わせて築かれた城を平山城と呼んでいる。代表的な平山城としては、姫路城(兵庫県)、彦根城(滋賀県)、高知城(高知県)、松山城(愛媛県)などがあるが、平山城の場合、御天守は山城部の一番高い本丸に建てられるのが普通であり、前述の城郭群も全て本丸に建てられている。

ところが、徳島城の御天守は、本丸に建てられていなかった。本丸には、御座敷・南武具櫓・東馬具櫓・西馬具櫓・火縄櫓・弓櫓・留守居番所などを置いたが、三重の御天守は本丸より一段(約二〇m)下がった東二之丸に建てられており、縄張りとしては極めて特異な存在であった。

もっとも、築城当初の御天守は本丸に置かれていたという説もある。築城後、約四〇年経過し、本丸の現在弓櫓の置かれている場所に建っていた御天守は老朽化したので取り壊され、新たに東二之丸に建てたか、前からあった櫓を御天守として代用した、という説である。

寛永四年(一六二七)に幕府の甲賀隠密が徳島城下に忍び込み、徳島城の見取り図を描いて帰っている。

現存する徳島城絵図としては最も古い「讃岐伊予土佐阿波探索書添付阿波国徳島城絵図(幕府隠密徳島城見取図)」(甲賀市水口図書館所蔵)、および探索書を見ると、平城の南西の角にある太鼓櫓を天守、山城の東二之丸にある御天守を小天守と記している。太鼓櫓を御天守と見たのは明らかに隠密の間違いであったが、東二之丸にある三階建ての御天守はしっかりと確認して帰っている。それ以降に描かれた数多くの古絵図や、明治初期の古写真を見る限り、御天守は東二之丸に存在したことは間違いのない事実である。

全国的に見ると、水戸城(茨城県)も本丸に御天守を置かなかったと言われている。水戸城は連郭式平山城であるが、本丸には御天守を置かず二之丸に御三階櫓を置き、それを御天守とした。五階建ての背の高い三重櫓で層塔型の御天守であるが、なぜか御三階櫓と呼んでいる。水戸藩初代藩主徳川頼房により寛永二年に建てられたが、幕府に対する配慮からとも言われている。また、この時代、城郭の中枢が本丸ではなく、二之丸御殿であったためとも言われている。

御天守は、大きく望楼型天守と層塔型天守に分けられる。望楼型天守は、一重または二重の入母屋造の建物を基部とし、その上に望楼(物見)となる小建物を乗せた御天守である。層塔型天守より古い形式と言われ、姫路城(兵庫県)、彦根城(滋賀県)、高知城(高知県)などがある。

層塔型天守は、入母屋造の基部をもたない、三重塔や五重塔のように各重の屋根が四方に葺き下ろした御天守をいう。望楼型天守より新しい形式のもので、松山城（愛媛県）、宇和島城（愛媛県）、丸亀城（香川県）などがある。

徳島城の東二之丸に建てられた御天守は、天守台という方形の石垣の上に建てられておらず、平地に建てられた層塔型天守と推定されている。山城部は本丸を含め、いまだに発掘調査さえされていない。

石垣の積み直し補修整備も急がれるが、一日も早い徳島城跡全般の発掘調査および「石垣カルテ」の作成が望まれる。

第五節　屛風折れ塀の遺構

城の防御設備の重要な手法の一つに「横矢掛り」がある。戦国期の城郭では、城壁の塁線は自然の地形のままに構築されているのが殆どであったが、戦国期後半頃から塁線を人工的に屈曲させて、折れや歪みを付けて横矢が掛けられるようになっていく。「横矢掛り」とは、塁線に押し寄せる敵に対して二カ所以上から、弓矢・鉄砲などによって側面攻撃が加えられるようにすることである。

鳥羽正雄氏は、「横矢掛り」について次のように述べている（鳥羽一九七一）。「横矢掛り……敵が味方の城に迫り、これに侵入しようとする場合に、敵の進行方向の側面から射撃を加える手段」とある。

すなわち、「横矢掛り」の基本は、敵方（攻撃側）の人間を、味方（守備側）の人間が多方向から攻撃できるような設備を構築することである。敵方の人間に対して、正面・左右・背後の各方向から、味方の人間が狙い撃つことができるような構造を造ることである。また、味方の人間は、石垣・門・塀・建物などによって、身体を危険に曝さないように防御されているが、敵方の人間には、身を守るための遮蔽物がないような空間を造ることである。

安永九年（一七八〇）以前とされる「徳島城絵図」（個人蔵）では、徳島城の南側にあった寺島川沿いの石垣には、塩蔵門を挟んで屏風折れ塀が五〇〇ｍほど続くが、ちょうど屏風が折れたように、三角の出っ張り部が一三カ所寺島川側に突き出していたように描かれている。

敵が寺島川を渡って攻めて来て塀によじ登ろうとした時、三角の出っ張り部の横にある狭間より、横から鉄砲で討ち取ることができるような構造となっている。その三角の出っ張り部は構造的に弱いので、下から支え柱で支えていたが、その支え柱の基礎石が丁度人間の舌のように、川側に突き出しており、これを舌石と呼んでいる。現在、屏風折れ塀は残っていないが、石垣だけは残っており、屏風折れ塀の遺構の舌石が六カ所確認できる。

織豊系城郭では、松本城（長野県）、篠山城（兵庫県）、松江城（島根県）などに屏風折れ塀があったと言われ、正保城絵図などには描かれているが、その遺構は全く残っていない。屏風折れ塀の遺構が一部でも残っているのは、徳島城だけである。

なお、石垣を人工的に屈曲させて折れや歪みを付けて横矢を掛けられるようにした事例は、殆どの城に数多く見られる。徳島城でも堀川に突き出している屏風櫓などが良い例である。

高知城（高知県）、高松城（香川県）、丸亀城（香川県）、松山城（愛媛県）、今治城（愛媛県）など、ほとんどの城が石垣を人工的に屈曲させ「横矢掛り」の防御の手法を取り入れている。

ＪＲ徳島駅から、線路沿いに東南方向へ五分ほど歩き陸橋を渡ると「徳島城跡（徳島中央公園）」に入るが、陸橋の上に、旧寺島川沿いにあった屏風折れ塀と舌石の説明板がある。興味のある方はそれをご覧になって、橋の上から見える舌石を見ていただけたら、徳島城四三〇年の歴史の一端が思い浮かべられるのではないかと期待している。

第六節　水源のない山城

徳島城は平城と山城を組み合わせた典型的な平山城であるが、その山城部は吉野川がつくった沖積地にある分離丘陵の岩山である。中央構造線沿いの三波川帯に分布する三波川変成岩の結晶片岩、いわゆる緑色片岩（青石）などにより構成されており、非常に硬い岩盤なので井戸を掘削するには困難である。また、泉などの湧水もなく、探索してみても水源らしきものは全く見当たらない。

この岩山は猪（渭）山と呼ばれていたが、至徳二年（一三八五）には細川頼之がここに渭山城を築いたとも言われている。天正一三年（一五八五）、羽柴秀長の率いる秀吉軍が渭山城を攻めた時、長宗我部元親は家臣吉田孫左衛門を置いて守らせていたが、吉田孫左衛門は戦わずして土佐へ逃亡し渭山城は落城している。また、一宮城攻めにおいても、長宗我部元親の家臣谷忠兵衛忠澄と江村孫左衛門親俊が良く守り容易に落城しなかったが、秀吉軍は一宮城の水の手（水源）を断ち切ることに成功して落城させている。

豊富な水源を確保していることは、堅固な城の必須条件であり、水源のない城は惨めなもので、長期の籠城は到底できず城郭としては失格と言っても過言ではない。水源のない城での長期にわたる籠城は、不可能に近かったためである。

したがって、徳島城の縄張りで最も重視されたのは、山城部に水源のない欠陥を如何にして克服するかであった。必然的に水源が確保できる平城と組み合わせた、平山城にせざるを得なかったものと考えられる。

徳島城の平城部には、安永九年（一七八〇）以前の絵図「徳島城御殿絵図」（個人蔵）に描かれているように、数多くの井戸が存在する。城郭内に水源を確保するために、山城の猪(渭)山城と平城(寺島城と言われている)を組み合わせた、平山城として徳島城を築いたものと考えるのが妥当ではなかろうか。

もちろん、城郭規模の拡大を図るために平城部を合わせて一城としたということには異論はないが、今まで山城の水源について触れ、これを主たる要因の一つとして取り上げている史料は見当たらない。

徳島城は、『城跡記』(小杉榲邨編「阿波国徵古雑抄」大正二年所収、作者・成立不明。寛文以降)では、「渭山寺島両城合テ一城トナス」と記述されており、山城の猪(渭)山城と平城の寺島城を合わせて築城したと言われている。

猪(渭)山城の場所は明確であるが、寺島城のあった場所についてははっきりしていない。寺島城の名前から現在の寺島地区にあったと考えるのが妥当であるが、寺島は徳島城の城郭ないしは総曲輪から寺島川を挟んだ向かい側にあり外れているので、『城跡記』の記述とは矛盾している。

寺島城の所在は、いまだに明確ではなく諸説はあるが幻の城とされている。その存在を明らかにするためには、今後の発掘調査等を待つ必要があろう。

第七節　徳島城の石垣にある刻印・転用石および矢穴跡

徳島城の石垣の石を詳しく観察すると、刻印のある石が一〇数カ所ある。主に築城当初の大手門(黒御門)のあった下乗橋を渡った枡形付近に多いが、思わぬ所にもひっそりと隠れている。石垣の石は、年々風化して刻印も見えにくくなっており、このまま放置すると永遠に分からなくなってしまう恐れがあるので、今のうちにしっかりと記録に留めておく必要がある。

なにゆえ、刻印が刻まれているのかという疑問に関しては、さまざまな説があるが、いまだに決め手になるような史料はない。石垣を築く持ち場を示しているという説、採石場を示すという説、築いた集団を示すという説、鬼門と裏鬼門に多いので鬼門除けのまじないという説など、どれも確たる証拠はなく謎のままである。

転用石とは、五輪塔・宝篋印塔の一部や墓石・石仏などを石垣の中に組み込んだものを言う。織田信長の築いた安土城には転用石が数多く使われているが、石であれば墓石や石仏や石棺の蓋でも、なんでも使用したというのが実情であろう。畿内にある福知山城（京都府）や大和郡山城（奈良県）でも、数多くの転用石が用いられていることで有名である。

徳島城の石垣にも転用石が使われている。山城の本丸部の、天正期の石垣と言われている東の隅角部に一個（五輪塔の火輪部分）、同じく南側の斜面に梵字の入った石が一個（五輪塔の地輪部分）を見ることができる。また、平成一五年（二〇〇三）の大雨で崩れ、現在布団籠工法で仮補修している石垣の中にも一個埋まっていると言われている。

これらの転用石に関する因縁話、たとえば修験者清玄坊の霊を弔うため、石垣に墓石を埋めたと言うような話は良く聞くが、これも確たる史料はなくあくまでも伝説にすぎない。

徳島城の石垣には、石を割るための矢穴跡の残る石が数多く使われている。それも大手門（黒御門）のあった枡形部の巨石や、山城部の西二之丸御門付近の鏡石などの主要な石に穿たれている。何故このように、わざわざ目立つ所に矢穴跡のある石を据えたのか、これも疑問の一つである。また、殆どの石垣の石は緑色片岩（青石）で築かれているが、その中にピンク色をした紅簾片岩を適宜、微妙なバランスで配置している。そのため、石垣の表面を見て歩いていてもあきることがない。

一年ほどの急造成の築城であったので、見栄えや美醜などは考える余裕もなく築いたものであり意図したものではないとも考えられるが、城内にある「旧徳島城表御殿庭園」の、自然石の橋では日本一長いと言われている青石の橋や、加工した切石橋では日本最大と言われている琴橋にも、矢穴跡がくっきりと刻まれている。石に刻んだ矢穴跡を一つの意匠(デザイン)として、また景色として、わざと誇示して見せているのではなかろうか。

蜂須賀家政は茶人としても名を知られている存在であった。武将茶人の上田宗箇に造らせたと言われている「旧徳島城表御殿庭園」の石組みに表されたと同じように、枡形虎口(城の入り口)にも、わざと矢穴跡の見える石や目立つ紅簾片岩を巧みに配置し、城主の権威を誇示するばかりでなく、機能的にも装飾的・意匠的にも優れた城垣としたのではなかろうかと考えている。

第八節　徳島城と水軍基地

徳島城は、東側(海側)の防御性が薄いのではないかと良く言われる。確かに、助任川と急峻な断崖に守られた北側や、西之丸を置いた西側、また、寺島川沿いに屏風折れ塀を巡らし、さらに太鼓櫓・二重櫓・玉櫓・鉄砲櫓の連なる城壁を置いた南側に比べれば、人工の狭い堀川と月見櫓・屏風櫓・旗櫓・隅櫓の連なる城壁に守られた城郭の東側は、守りが薄いと言われればもっともなことである。城郭部の東側は総曲輪の内側にあり、総曲輪で囲まれ守られているとは言え、東側の防御性が薄いのは否めない。そこで登場するのが阿波水軍である。

蜂須賀氏が阿波へ入国した際、尾張・龍野以来の家臣たちを率いてきたが、その一方で地元の豪族で阿波水軍を率いる森氏を家臣団の一員に加えた。

森氏は阿波を支配していた細川氏・三好氏に仕えていた水軍であるが、長宗我部元親が阿波を攻めた時に、鳴門の土佐泊城で最後まで降伏せずに徹底抗戦し、天正一三年（一五八五）六月、豊臣秀吉の四国攻めの際には秀吉軍に味方して、木津城（鳴門市）や岩倉城（美馬市）攻めなどで活躍をした。

長宗我部元親が秀吉に屈し土佐へ引き上げた後、蜂須賀家政が阿波国を領することになるが、その家臣（中老格）となり三〇〇〇石を領した森氏は、天正一四年椿泊（阿南市）に松鶴城を構え、南方の土佐の長宗我部氏の抑えとなった。

一方、蜂須賀氏は水軍基地を徳島城と海岸の中間に配置し、目付を置いて支配させた。築城当初の水軍基地は安宅島（常三島南東端）に置いたが、後に、城下町の拡張とともに安宅（福島の東南部）へ移した。

相対的な防御性を考慮すると、徳島城と水軍基地とは切っても切れない密接な関係にあり、陸からの水軍基地への攻撃に対しては、本城である徳島城が守り、そのかわり比較的防御の薄い徳島城の東側（海側）は、水軍が守りを固めていたと考えられる。

徳島城の山城本丸部には、戦になった時に殿様が入る御座敷が置かれていたが、御座敷の床下には隠し門（埋め門）があり、そこから隠し道が助任川沿いにある水の手御門へとつながっていた。いざという時に殿様が、船で脱出できるような配慮がされていたのである。

また、椿泊の道明寺にある森家の墓所には、志摩守村春や甚五兵衛村重および歴代当主の五輪塔の墓があるが、まさに海の殿様と言われる森氏の威勢が良く分かる巨大な見事な五輪塔の墓石が並んでいる。紀伊半島に向かって突き出た椿半島の南側に位置する椿泊の集落は、海と山に挟まれ細い道筋は一筋しかなく、その道は幾重にも鍵の手に折れ曲がり、集落全体を砦として陸からの攻撃に備えていたと考えられる。その集落の奥の岬に近い所に、現在は椿泊小学校となっている森甚五兵衛の屋敷「松鶴城」跡があった。

戦国時代が終わりを告げ太平の世となると、水軍の働きも限られたものとなり、森水軍を中心とする阿波水軍も、戦う水軍から藩主の参勤交代の際の輸送船団や朝鮮通信使の際の御召船などへと変貌していくのである。

第九節　徳島城の特徴と特異性

徳島城は天正一三年（一五八五）に豊臣秀吉の命により、蜂須賀家政が築いた四国で最初の本格的な織豊系城郭である。築城には、小早川隆景の軍勢、長宗我部元親の軍勢、比叡山の僧侶まで動員して、一年余りの短期間で築かれたと言われている。江戸時代になると、天下普請といって、徳川幕府の命により、各大名が、城郭、神社仏閣、大型土木工事などに動員されるが、その先駆けともいうべきものが、この徳島城の築城である。

まず、城地の選定であるが、秀吉が四国に出兵していた弟秀長に宛てた、天正一三年八月四日付けの朱印状の写しが「毛利博物館所蔵文書」の中にある。その中に「阿波国城々不残蜂須賀小六ニ可相渡候、然者小六居城事、絵図相越候面ハい丶の山尤ニ覚候」とあり、四国の秀長から絵図と文書を受け取り渭津（徳島）の猪山を居城とするように指示をしていたことがうかがえる。秀長が秀吉に、阿波国の居城の適地を推薦するにあたり、ともに従軍していた蜂須賀正勝や、今後阿波国を領することになる家政に、一言の相談もなくことを運んだとは到底考えられない。双方了解の上で秀吉に渭津（徳島）を推奨したと考えるのが、妥当であろう。

言うまでもなく、この小六は家政であるが（この時期、正勝は彦右衛門尉を名乗っていた）、当時の社会情勢、時代背景を踏まえて、秀長や家政が渭津（徳島）を選定した理由は以下のことが言える。

家政が阿波入国時に一時入った一宮城は、険阻であるが政治・経済・流通の中心としては不満であり、勝瑞城館跡は過去の三好氏の影響を引きずっている。これに対し渭津（徳島）は、秀吉の本拠地畿内との連絡が便利なこと、平山城として相応しい猪山（城山）があったこと、福島川・寺島川・新町川・助任川という天然の堀に囲まれ、正勝・家政の出身である川筋衆としての経験が生かせる地形であったこと、経済・流通・水運に適した交通上の要衝であったこと、などを挙げることができる。

次に縄張りであるが、徳島城は山城と平城で構成される連郭式平山城である。山城部は城山の頂上に本丸を、東に東二之丸、西に西二之丸・西三之丸の四つの曲輪で構成されており、平城部は城山の山麓一帯に造営され、藩主の居住していた御殿（表御殿・奥御殿）を中心に、南は三木曲輪、北は北馬屋、西は西之丸屋敷や御花畠庭園などがあった。

徳島城の縄張りの特徴は、自然の河川を巧みに取り入れていることで、城郭を形成する外郭線は、自然の川に約半分近くも接しており、まさに水城（川城）と呼ぶに相応しい城郭であった。

また徳島城は、山城の猪山城と平城の寺島城を合わせて一城としたとされており、従来、猪山城は小規模な山城なので寺島城を合わせて、一七万五〇〇〇石の阿州太守に相応しい城としたとしてきたが、山城の水源についての記述はなかった。

徳島城の縄張りで最も重要視されたのは、山城部に水源がない欠陥を如何にするかであった。城山の地質は結晶片岩と呼ばれる硬い岩層で覆われていて水源がないため、平城と組み合わせた平山城にせざるを得なかった。徳島城の平城部には多くの井戸が存在しており、城内に水源を確保するために平山城として築いたと考えられる。

次に天守であるが、通常平山城の場合、山城の一番高い本丸部に建てるのが一般的であるが、徳島城は本丸より一段下がった東二之丸に建てられており、縄張りとしては極めて特異である。

徳島城の石垣の石材は、殆どが中央構造線沿いに分布する三波川変成帯の結晶片岩で築かれている。このように殆どが結晶片岩で築かれた石垣を持つ城は、織豊系城郭では徳島城だけと言っても過言ではない。

また、寺島川沿いの石垣にある屏風折れ塀は、塩蔵門を挟んで両側にほぼ真っ直ぐな塀が五〇〇mほど続くが、約三〇mごとに三角の出っ張り部が一三カ所、川側に突き出ている。

敵が寺島川を渡って攻めてきて塀によじ登ろうとした時、三角部の狭間より横から鉄砲などで撃つことができるような構造(「横矢掛り」と呼ばれる防御設備)になっている。その三角部は構造的に弱いので下から支えるための基礎石が、丁度人間の舌のように石垣の一部に突き出ている。これを舌石と呼んでおり現在六カ所残っている。

もう一つ徳島城には大きな特徴がある。それは水軍との関係である。家政が阿波に入国した際、阿波水軍の森氏を配下に加えた。森氏は天正一四年椿泊に松鶴城を構え、土佐の長宗我部氏の抑えとなる。一方、家政は徳島城のすぐ近くの安宅島(常三島南東端)に水軍の基地(船置役所)を置き、陸からの攻撃に対しては本城である徳島城が守り、比較的防御のうすい東側(海側)は水軍が守りを固めていた。このように徳島城と水軍基地とは、持ちつ持たれつの密接な関係にあった。

以上、徳島城の特徴や特異性をまとめると次のようになる。

一、徳島城は四国で最初に築かれた本格的な織豊系城郭である。

二、徳島城は自然の河川を巧みに取り入れており、福島川・寺島川・新町川・助任川などを自然の外堀に見立てて、川沿いに石垣を築いて囲み、渭津(徳島)全体を総曲輪としている。また、城郭部分の石垣が自然の河川に半分近く接しており、まさに水城(川城)では日本一と言える。

三、徳島城の山城部には水源がなく、城郭規模拡大の意図だけではなく、水源のある平城と組み合わせた平山城にする必要があった。

四、徳島城の石垣の石材は、殆どが結晶片岩と呼ばれる三波川帯の変成岩（いわゆる阿波の青石など）で築かれており、このような石垣をもつ城郭は他にはない。

五、寺島川沿いの石垣に、屏風折れ塀（敵を横から攻撃できる防御設備「横矢掛り」）の遺構、舌石が残っており、古絵図では屏風折れ塀をもつ城郭は他にもあるものの、遺構として残っているのは徳島城だけである。

六、徳島城の天守は山城の本丸に建てられておらず、本丸より一段下がった東二之丸に建てられており、平山城の縄張りとしては極めて特異である。

七、天正期から明治維新まで領地替えもなく、蜂須賀氏が続いたことにより、築城当初の戦国時代末期の縄張りが、殆どそのまま残っている。

八、徳島城は、水軍基地とは切っても切れぬ密接な関係にあり、水軍基地への攻撃に対しては本城である徳島城が守り、そのかわり、比較的防御のうすい徳島城の東側（海側）は水軍が守りを固めていた。

徳島城は、四国一の大大名蜂須賀氏の二百八十四年間の居城であった。櫓などの建物は、明治八年（一八七五）に鷲の門を残し全て取り壊されたが、残した鷲の門も徳島大空襲で焼失し、現在ある門は平成元年（一九八九）に復元されたものである。城の建物こそないものの、縄張りや石垣や堀川などは、昔ながらの面影を留めている。

徳島城跡は平成一八年（二〇〇六）一月二六日付で国史跡に指定されたが、その補修・整備には、いまだに全く手を付けられていない。徳島城跡を文化財（国史跡）として、現状より少しでも良い状態にした上で、後世の世代に引き継いでいくことが、現代に生きる我々の使命と考えている。

藩主 蜂須賀氏略系図

※二重線は養子関係を示す
出典：《蜂須賀家記》《公家譜》

- 家祖 **蜂須賀正勝**（まさかつ） 従四位下・修理太夫 播磨龍野 五万三〇〇〇石 正利長男（一五二六～一五八六） 福聚寺殿
- 藩祖 **家政**（いえまさ）（蓬庵） 従五位下・阿波守 阿波徳島 一七万五七〇〇石 領主在任期間（一五八五～一六〇〇） 正勝長男（一五五八～一六三八） 瑞雲院殿
- 初代藩主 **至鎮**（よししげ） 従四位下・阿波守 阿波淡路両国 二五万七〇〇〇石 藩主在任期間（一六〇〇～一六二〇） 家政長男（一五八六～一六二〇） 峻徳院殿
- 二代 **忠英**（ただてる） 従四位下・侍従 阿波守（一六二〇～一六五二） 至鎮長男（一六一一～一六五二） 興源院殿
- 三代 **光隆**（みつたか） 従四位下・侍従 阿波守（一六五二～一六六六） 忠英長男（一六三〇～一六六六） 南宗院殿
- 四代 **綱通**（つなみち） 従四位下・侍従 阿波守（一六六六～一六七八） 光隆長男（一六五六～一六七八） 徳音院殿
- 五代 **綱矩**（つなのり） 従四位下・侍従 淡路守（一六七八～一七二八） 忠英四男隆矩長男（一六六一～一七三〇） 南源院殿
- 六代 **宗員**（むねかず） 従四位下・侍従 淡路守（一七二八～一七三五） 綱矩六男（一七〇九～一七三五） 承国院殿 粛公
- 七代 **宗英**（むねてる） 従四位下・侍従 阿波守（一七三五～一七三九） 忠英五男隆喜三男（一六八四～一七四三） 威峻院殿 祁公
- 八代 **宗鎮**（むねしげ） 従四位下・侍従 阿波守（一七三九～一七五四） 高松藩主松平家一族頼熙二男（一七二一～一七八〇） 憲徳院殿 僖恵公
- 九代 **至央**（よしひさ）（志摩）（一七五四～一七五四） 松平頼熙三男（一七三六～一七五四） 興雲院殿 懿公
- 十代 **重喜**（しげよし） 従四位下・侍従 阿波守（一七五四～一七六九） 佐竹壱岐守義道四男（一七三八～一八〇一） 謙光院殿 元公
- 十一代 **治昭**（はるあき） 従四位下・左近衛権少将 阿波守（一七六九～一八一三） 重喜長男（一七五七～一八一四） 良遷院殿 穆公
- 十二代 **斉昌**（なりまさ） 正四位上・左近衛権少将 阿波守（一八一三～一八四三） 治昭二男（一七九五～一八五九） 峻陵院殿 景公
- 十三代 **斉裕**（なりひろ） 正四位上・左近衛権少将 参議・阿波守（一八四三～一八六八） 徳川十一代将軍家斉二十二男（一八二一～一八六八） 大龍院殿 戴公
- 十四代 **茂韶**（もちあき） 従二位・権中納言 議定職 のち従一位 勲一等・侯爵（一八六八～一八六九） 斉裕二男（一八四六～一九一八） 大源院殿

酒井勇治『徳島城―徳島城跡を歩く―』より

第三章　高知県の中世城郭から織豊系城郭の成立

松田　直則

高知城跡三ノ丸旧石垣と高知城天守

はじめに

織豊系城郭とは、千田嘉博が提唱したもので「織田信長・豊臣秀吉とその家臣が築いていった一貫した系統的をもった中・近世移行期の一群の城郭を指す」〔千田二〇〇〇〕とされており、本丸を中心とした強い求心性を発揮した城郭プランをもち、その構成に城域の総石垣化、礎石建物・瓦葺建物などの永久施設への指向、外桝形・内枡形などの虎口空間を持つ特別な出入り口の使用、天守などの城郭の表象性の強化などを指標と捉えている。また、徳川氏関連城郭についても、織田・豊臣の城郭プランに準じて展開しその特質を継承したものと捉え、織豊系城郭の一環として位置付けている。このような、特徴的な要素を組み合わせた事を指標として、近世城郭の直接の原型となった城郭であるとされている。

織豊期城郭研究会では、平成五年（一九九三）に研究会を立ち上げた段階で、織豊期城郭という表現を行い、特に織田・豊臣期という限られた時期に築城された城郭と定義している。織豊期城郭とは、それ以前の中世城郭、それ以後の近世城郭の間にあてはまる時間軸を表す用語であるのに対し、織豊系城郭とは、ある一定時期における複数系統築かれたであろう城郭の一系統を指す用語として、下高大輔は用語整理を行っている〔下高二〇一三〕。

土佐では、織豊期城郭として長宗我部元親が岡豊城・大高坂城・浦戸城を構築している。土佐における中世城郭から織豊系城郭の成立の中で、位置付けられる城郭との差異はどこに認められるのか、この時期に築かれた三つの城跡について見て行きたい。

第一節　長宗我部氏本拠の岡豊城跡（図1）

南国市に所在する岡豊城跡は、長宗我部氏の居城で、昭和六〇年（一九八五）度からの発掘調査で詰の曲輪を中心として二ノ段から四ノ段までの遺構が検出されている。岡豊城跡は、織豊期に大きく改修され織豊系城郭のパーツである礎石・瓦・虎口などをいち早く取り入れて総城郭化して造られた城である。

岡豊城跡の歴史として記録に残っている最初は、永正五年（一五〇八）、有力国人の本山氏・山田氏・吉良氏の連合軍によって攻められ、この時の城主である長宗我部元秀は自刃し岡豊城跡は落城している。昭和六〇年度から実施された詰と二ノ段の調査において（高知県教育委員会一九八八）、焼土と多量の炭化物が認められた。特に詰では、石敷き遺構の下には柱穴も確認され焼土や炭化物の粒子が混在していた。あきらかに掘立柱建物が火災に遭遇していることがわかる。これらのことから、詰や二ノ段で確認された焼土面は永正五年の落城の際の痕跡と考えることができ、一九代の長宗我部元秀段階では掘立柱建物を中心とした土造りの岡豊城跡を拠点にしていたと考えられる。

岡豊城跡が落城した永正五年には、長宗我部元秀の子国親は五、六歳の幼年であったとされている。長宗我部国親は、当時有力な公家大名として勢力があった幡多郡の一条氏のもとで保護され養育された。永正一五年に元服して、信濃守国親と名乗り旧岡豊に帰り、再びこの地を本拠とし長宗我部家再興に乗り出すことになったとされている。その後吉田氏をはじめ在地の土豪層を掌握し、天文一六年（一五四七）の頃には大津城攻撃など勢力をつけはじめた（高知県一九七二）。この時期になると国親は本拠である岡豊城に何らかの改修を加えていたものと考えられる。出土遺物で、一六世紀前半頃の貿易陶磁や瀬戸美濃系の天目茶碗などが出土していることから、多くの部分が改修され機能していたと考えられる。

長宗我部国親は、永禄三年（一五六〇）に病死したとされており、その後元親が翌年の永禄四年から始まる本山氏との朝倉合戦で土佐中央部を制覇し長宗我部当主となっており、永禄年間末期のその勢力範囲も解明されている（市村一九九八）。さらに天正三年（一五七五）には、一条氏を四万十川の合戦で破り土佐を統一している。天正三年以降、元親が四国制覇を狙い最も勢力を持った時代、岡豊城跡は大改修が行われ土造りの城からの脱皮を模索しており、徐々に織豊期の城郭として生まれ変わろうとしていることがわかる。

徐々に石の城へとその姿をかえていった岡豊城であるが、発掘調査からその遺構や遺物をみていきたい（高知県教育委員会一九九〇）。詰の遺構としては、礎石建物に付随して出入口的な小櫓の基礎部分と考えられる切石遺構や、割石を敷き詰めた石敷き遺構などが検出されている。石敷き遺構は、建物の前面を鉄砲にも耐えられる厚い壁を構築したその基礎部分ではないかと考えられる。さらに櫓の通し柱用の礎石が検出されており、二層以上の建物が想定できる。この建物は、国親段階には見られなかった瓦葺きであった。切石遺構と同じレベルの地点から、天正三年銘の丸瓦片が出土している。瓦の銘は「おかう之御／瓦工泉刕／天正三」と三行で刻まれている。その他にも瓦片が出土しているので、瓦葺建物の存在は間違いない。

詰の遺構ばかりでなく、三ノ段から四ノ段にも礎石の建物跡が検出されており、この曲輪にも大がかりな改修の痕跡が認められる。四ノ段北曲輪には、織豊系の影響を受けた食い違い虎口を形成していることが早くから指摘されている（前川・千田・小島一九九二）。さらに虎口の後方の空間には、礎石建物跡が検出されており、位置的なことから城門の性格を持つ建物跡とも考えられる。これら城門と考えられる礎石建物は、三ノ段の礎石建物とも連動した虎口後方の重要な防御的役割をはたしている。

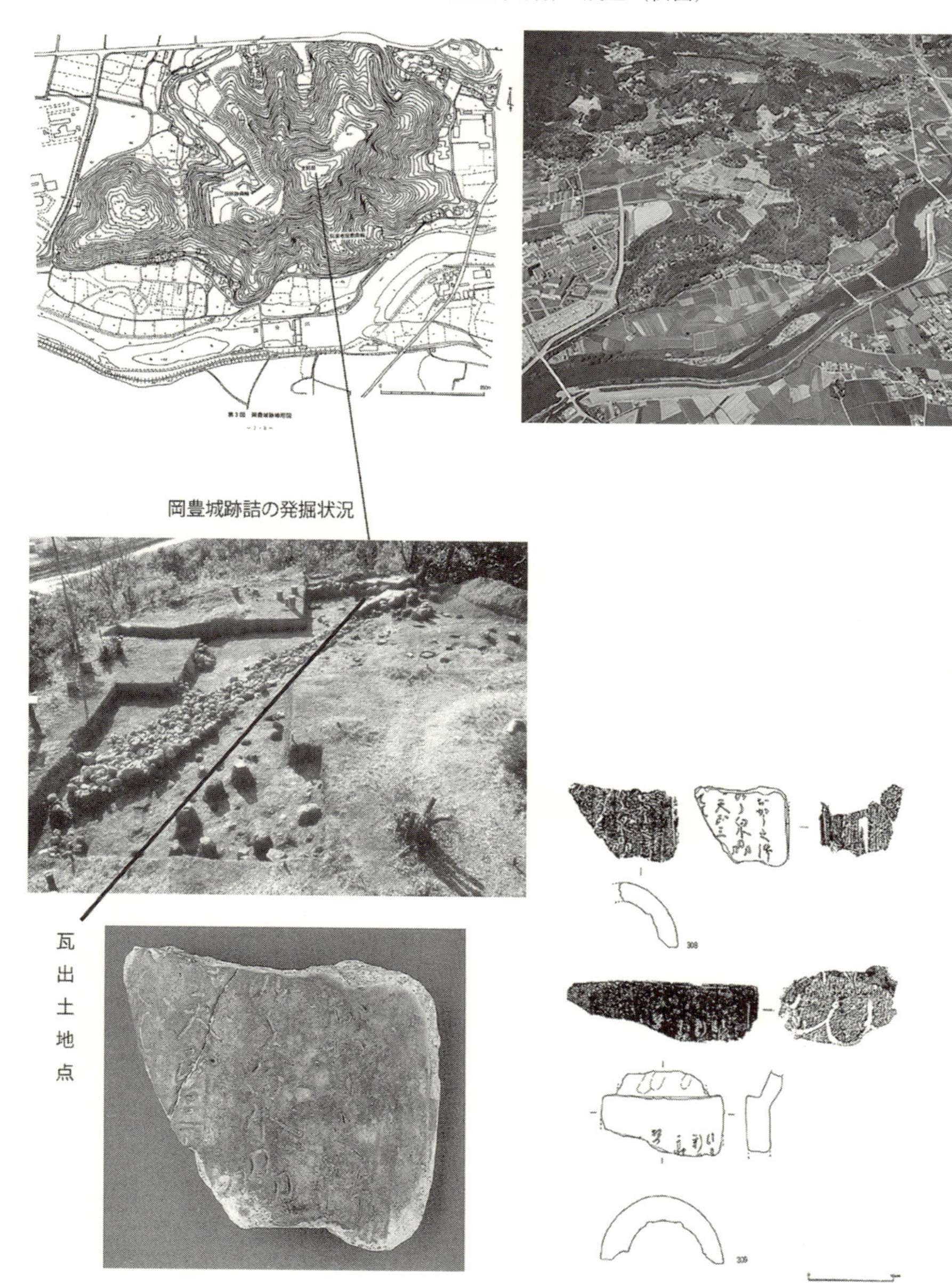

図１　岡豊城跡調査関係図〔高知県教育委員会、1988～2004〕

この三ノ段や四ノ段北部曲輪を中心に調査した六次調査の出土遺物を見ると（高知県埋蔵文化財センター一九九二）、貿易陶磁の青花が多く出土しており、一六世紀後半に位置づけられるものが多い（小野一九八二）。天正三年に元親が土佐を統一してまもなく、詰から三ノ段の礎石建物跡や四ノ段の虎口遺構も改修が行われたと考えられる。織豊系の影響を受けつつ建物や虎口などは新しく改修できた。しかし織豊系城郭のシンボルとも言える石垣構築の技術のみは、豊臣の傘下に入る天正一三年以降を待たなければならなかった。岡豊城跡には石積みは認められるが、高石垣などの遺構はなく土佐の戦国大名としての限界が見えてくるのである。

平成一三年（二〇〇一）岡豊城跡の丘陵南斜面部の発掘調査が行われ（高知県埋蔵文化財センター二〇〇二）、さらに岡豊城の姿が明らかになり始めた。調査した地点は、伝家老屋敷曲輪に通じる出入口部にあたる。調査の結果、堀切や竪堀遺構の一部が確認でき、出土遺物も一五世紀後半から一六世紀後半までの約一〇〇年間にわったて使用された製品の破片が出土している。出入口部の検出遺構として、堀切・土塁・土橋・柱穴等が検出されている。

この調査で、伝家老屋敷曲輪の出入口部を検出したことから、伝家老屋敷曲輪の性格や岡豊城跡の中での位置づけが問題となるところである。伝承で伝家老屋敷跡とされているが、文献面でも確実に家老が住んでいた屋敷とは判明していない。そこで、伝家老屋敷跡曲輪周辺部の踏査をして縄張り調査を実施した。それまでの縄張り調査で（池田一九八七）確認されていない多くの遺構を見つけることができた。伝家老屋敷跡曲輪の周囲には、堀切や横堀さらには竪堀がめぐらされ、防御性の強い曲輪で約二七〇〇㎡以上の広さを持っていることがわかった。さらにこの伝家老屋敷跡曲輪の西側や東側丘陵でも、人工的に削平された平坦部が何カ所も存在していることがわかった。しかし西側・東側丘陵部分では、防御のための堀切や竪堀は確認できなかった。これらのことから、伝家老屋敷跡曲輪は岡豊城跡の南斜面部のなかで最も防御された広い空間を持った重要な曲輪であったことがわかった。これらのことから、今後伝家老屋敷跡曲輪の再検討をしていく必要がでてきた。

当時の岡豊城の大手（表門）と搦手（裏門）がどこなのか、現地形の中では明確にその場所とルートがはっきりしない。南側斜面部において、出入口を想定すると今回の調査地点の可能性が高い。また南側斜面の丘陵下には国分川が流れており、当時の重要な交通手段である川船を利用したことを考え合わせても、今回の調査地点が適した場所になる。今回調査した出入口部から、伝家老屋敷跡曲輪を通過していくルートが南斜面部の中で、最短距離で頂上部の詰にいくことができる。当時は川船を利用してさまざまな物資が岡豊城に運ばれ、人々の往来も頻繁にあったと考えられる。土佐の国内外から岡豊城跡への流通等の交通手段として、外洋から浦戸湾に入り川船で国分川を遡るルートが利用されたと想定される。

土佐でも長宗我部氏が統一した天正三年までに、土佐の各在地に密着した小規模城郭や軍事機能中心の砦などが淘汰され、拠点的な城郭に集約される現象が現れる。この集約された現象のひとつの結果として、土佐のなかで政治的に中心的役割を果たす大拠点が必要となり、安土城を手本とする城造りが岡豊城で行われたのではないかと考えている。他地域でも、中国地方を支配した毛利氏など有力な戦国大名の拠点となる城は、丘陵全体を総曲輪化する例（吉田町歴史民俗資料館一九九三）があり、長宗我部氏も土佐を統一した段階から岡豊城跡を大規模に普請しなおし、山頂部だけでなく丘陵全体の総曲輪化を目指したのではないかと考えている。

第二節　織豊系城郭の大高坂城跡（図2）

大高坂城跡は、長宗我部氏が岡豊城から天正一三年（一五八五）以降に移り築城した織豊系城郭である。豊臣傘下の大名として土佐で初めて石垣を構築しており、その上には瓦葺きの建物がのってくる。出土瓦には、桐紋瓦が認められ、石垣構築技術を取り入れ普請と作事を行っている。

文献では、佐伯文書で大高坂城の名前が確認でき、南朝方の大高坂松王丸が居城し北朝方と激戦を展開したとされている。考古学的に南北朝期の遺物が、伝御台所屋敷跡の調査地点から出土しており（高知県埋蔵文化財センター一九九五）、この時期、大高坂山が城跡として利用されていたことがわかる。その後、永禄年間頃、長宗我部元親に攻められその支配下に移る。これまでの説では、長宗我部元親が天正一六年に拠点となる城郭を、岡豊山からこの大高坂山に移転し城下町形成も手がけたとされている。この長宗我部氏が大高坂城を支配下においた永禄段階は、明確な遺構は城内で検出されていないが、伝御台所屋敷跡で当該期の貿易陶磁器等が出土していることから、何らかの機能を果たしていたと考えられる。さらに本丸南石垣解体調査に伴う発掘調査（高知県教育委員会二〇〇四）でも、石垣盛土層から一六世紀後半代の備前焼や貿易陶磁器等、さらに石垣裏ゴメからコビキAの瓦片が出土しており、本丸も含め今後長宗我部期大高坂城の検討を要する資料が出土している。

関ケ原合戦の後、山内一豊が慶長六年（一六〇一）八月に大高坂山に城普請を開始し、百々越前守安行を総奉行に任じ子の出雲に補佐させた。初代一豊が本丸・二ノ丸工事を普請開始から二年の歳月で慶長八年に完成させている。その後二代目の忠義が慶長一六年に三ノ丸を完成させている。忠義は、二代将軍秀忠から松平土佐守を拝領し土佐藩も安定期に入っている。城郭が構築された大高坂山は、慶長八年の山内一豊治世では河中山と呼ばれており、慶長一五年の忠義治世において高智山と改められている。

高知城は、享保一二年（一七二七）には、越前町より出火し本丸にも火が移り大火事となっている。城内は、この火災で追手門他数棟を除き多くを消失している。享保一四年から普請鍬初を行い、延享二年（一七四五）二ノ丸を再造し、

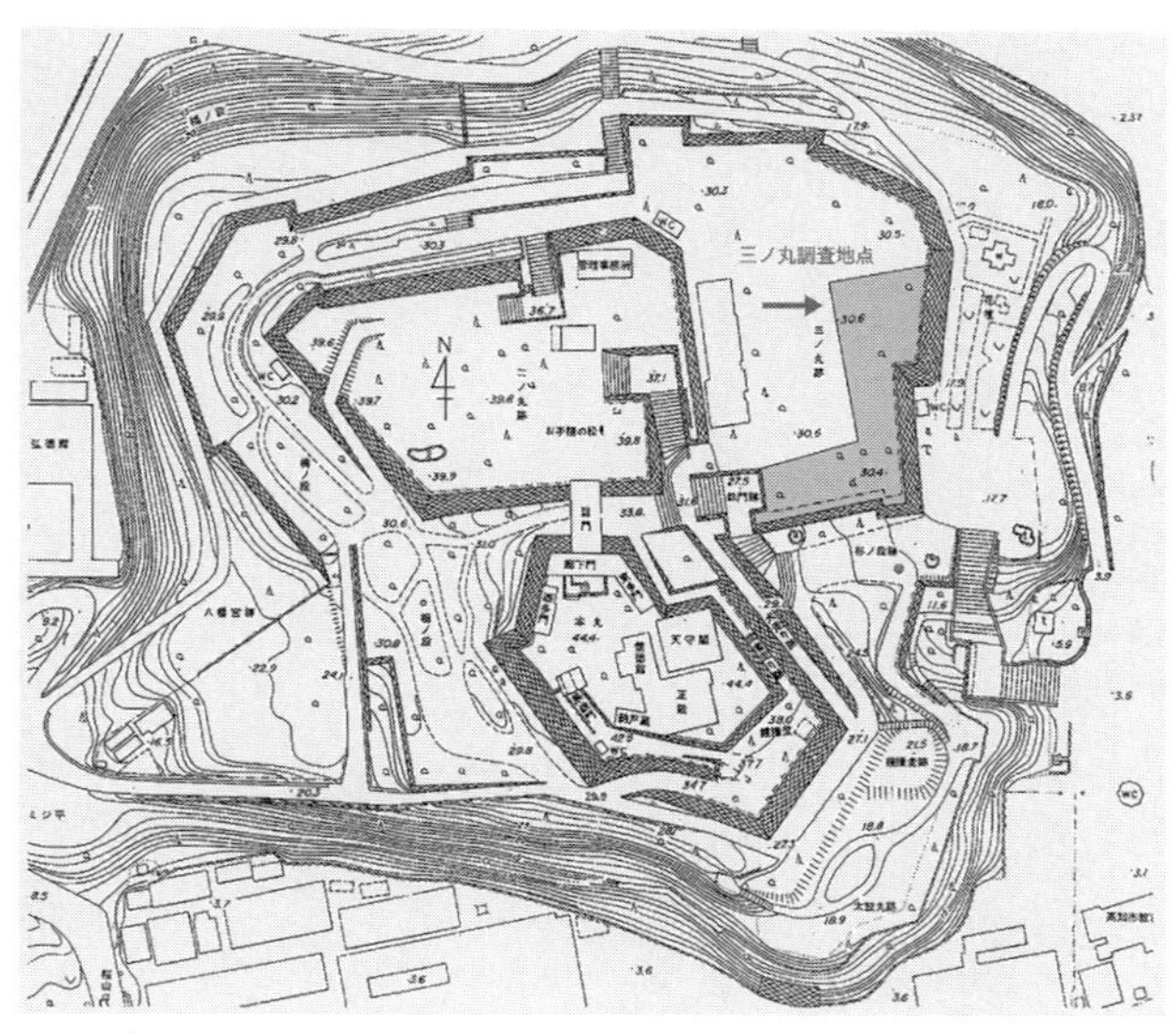

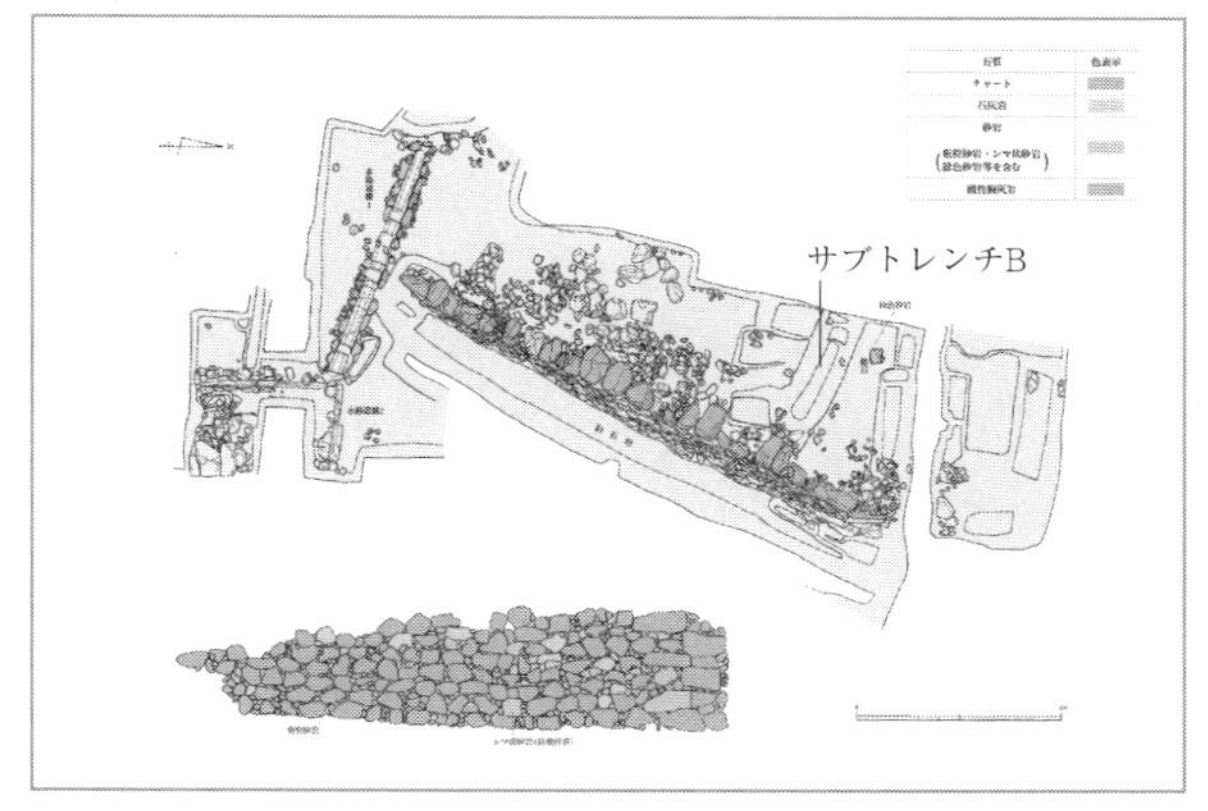

石質　分類図

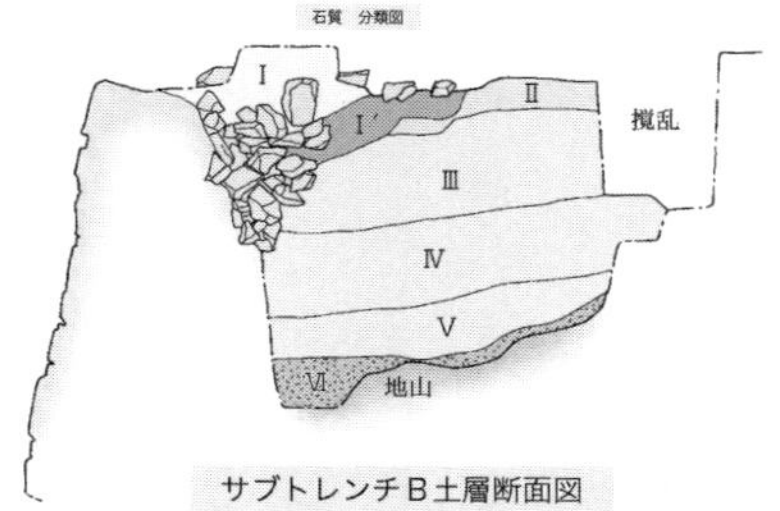

サブトレンチＢ土層断面図

図２　高知城三ノ丸調査概要図〔高知県埋蔵文化財センター、2001年〕

その後寛延二年(一七四九)本丸に続き宝暦三年(一七五三)三ノ丸の作事が完成している。

大高坂城の石垣について、山内時代、石垣構築の穴納役は北川豊後と文献では記載されている。石垣の石材は、本丸や二ノ丸周辺はチャートの自然石を多く使用しており、三ノ丸は浦戸城の不用なものを取り壊して舟で浦戸湾から江ノ口川へ運び、その一部を使用したとされている。その他は、周辺の久万・万々・秦泉寺・円行寺から取り寄せている。現存する石垣を観察すると、本丸石垣と三ノ丸石垣は石質の違いやその勾配も異なり、文献で認められる時期差を感じとることができる。本丸と二ノ丸の現存石垣は慶長八年に、三ノ丸石垣は慶長一六年には構築されていたと考えられている。

高知城石垣整備事業に伴い、三ノ丸の石垣解体に伴う試掘調査(高知県埋蔵文化財センター二〇〇二)が実施されている。現存の三ノ丸石垣周辺部に、石垣裏ゴメ状況の把握と遺構確認を目的にトレンチ調査が行われている。調査の結果、現存する東側石垣の裏側八mの地点で、現存石垣より古い時期に構築された旧石垣を検出し、裏ゴメ部分から桐紋軒丸瓦も出土している。旧石垣は、本丸と同様なチャートの石材で自然石を積み上げている。高さ二・七m、長さ一三mの規模を持つ。旧石垣の隅角部は、シノギ角になっており六石が算木状に積み上げられているが、完成した算木積みではない。石材は、主にチャートの自然石が利用されているが一部に石灰石や砂岩も用いられている。乱積みであるが、築石部は横目地が部分的に通り、石垣間の詰石にはチャートの破砕礫や砂岩の破砕礫を多く詰め込んでいる。石灰岩を使用している石の周りには特に詰石が多く、強度の弱い石材を補強している。

旧石垣は、裏ゴメ部分の断面層序の観察から上端二石目以上が修築を受けていることがわかる。サブトレンチBの断面図のⅠ層は表土で、Ⅱ層上面は江戸期と考えられる旧表土面で礎石を検出した面である。Ⅱ層からⅤ層までが橙色から褐色をベースにした石垣構築のための盛土層である。Ⅵ層が風化した地山礫の堆積で、その下層が地山である。

旧石垣より東側は昭和四〇年（一九六五）に行われた現存石垣解体時の撹乱が旧石垣全面まで及んでいる。僅かに残るⅠ′層は、山内期に改修された旧石垣上部の裏ゴメ土と考えられる。このⅠ′層から桐紋瓦が出土している。

石垣裏の盛土の堆積状況や桐紋瓦の出土状況から、桐紋瓦が廃棄された後に改修されたと考えられる。これらのことから、山内氏によって改修されたとみることができる〔松田二〇〇一〕。文献では慶長一六年に三ノ丸の石垣が完成していることがわかるので、その旧石垣上端二石目までの改修は山内入城の慶長六年以降と考えられる。旧石垣の二石目より下の基礎部分は、盛土のⅡ・Ⅲ・Ⅳ層で中世の遺物しか出土していないため、長宗我部期に構築されたものと考えることができる。大高坂城では、検出された三ノ丸旧石垣が最も古く、天正一五〜一六年頃までには構築された石垣と考えている。本丸も長宗我部期において構築されていた可能性は大きいが、現段階ではその遺構は確認できていない。

長宗我部氏は天正一三年以降、岡豊城跡を本拠とすることの限界を感じとったのか、それとも豊臣氏の支配下で移城を余儀なくされたのかわからないが、本拠を大高坂山に移そうと行動に出ている。長宗我部氏が、岡豊山から大高坂山に移転したのは天正一六年とされているが、それよりも早い時期に移転した可能性があるのではないかと考える。

長宗我部地検帳によると、天正一六年正月に於ける大高坂郷の状態が極めて明白に示されている。地検帳に記載されてある「大テンス」は、「大天主」ではないかと考えられており、この時期本丸には既に天守の建物が存在していたことになる。さらに「御土居」と記載されている場所は、長宗我部氏の居館を示すものと考えられている。今後、地検帳記載の詳細な検討を待つことになるが、現段階ではこの大高坂山には長宗我部氏による城郭が普請されていたと考えざるを得ない。三ノ丸調査で、桐紋軒丸瓦が出土したことや旧石垣を検出できたことで、三ノ丸東端部には礎石建物が存在していたと推定した。旧石垣においても慶長期以前の石垣の特徴を備えていることや、長宗我部地検帳の「大テンス」や「御土居」の記載から推察すると、天正一六年以前に既に三ノ丸の旧石垣普請は行われていた可能性もある。正保城絵図では、城の北東部に北門が位置しており、長宗我部期にこの北門が存在していたとするならば、この北門地点から三ノ丸の櫓、天守閣ラインは、当時華麗な景観を呈していたと想像できる。長宗我部元親は、新しく大高坂山に石の城を築き上げ中世からの脱皮をここで成し遂げたとも考えられる。

三ノ丸の東・南石垣は全体が解体され、現在は修理復元した石垣となっている。石垣解体の調査成果は報告書（高知県埋蔵文化財センター二〇一〇）にまとめられており、現在の鉄門の改修時期や三ノ丸南石垣の排水施設の構造など解明されている。また、三ノ丸は二代藩主忠義の段階で普請されたと考えられていたが、発掘調査で一五世紀代の遺物や遺構が検出されていることから、長宗我部氏が大高坂城に入る前からこの曲輪は利用されており、その後天正一五年頃までには、長宗我部氏が曲輪東端部の石垣の上に礎石建造物を作事していることもわかった。慶長一六年の忠義の普請は、三ノ丸の南側と北側を盛土造成し御殿や丑寅櫓が作事された時期と考える。

第三節　文禄・慶長の役と浦戸城（図3・4）

浦戸城跡は、天正一九年（一五九一）に大高坂城から浦戸城跡に移城、慶長五年（一六〇〇）に長宗我部氏が改易され、山内一豊が大高坂城に入城するまで存続した城である。中世の城の姿を残しつつも詰ノ段には初めての天守台を付設し、鯱瓦を葺いた建物を作事し、雁木を取り入れた石垣が構築された織豊系城郭である。城の造りは、豊臣秀吉の影響下で普請・作事されたと考えられ、土佐の中で近世城郭の原型となった織豊系城郭である。

浦戸城跡は、高知市の南端部で浦戸湾開口部の西側に位置する。標高五〇m前後の丘陵に城は構築されており、浦

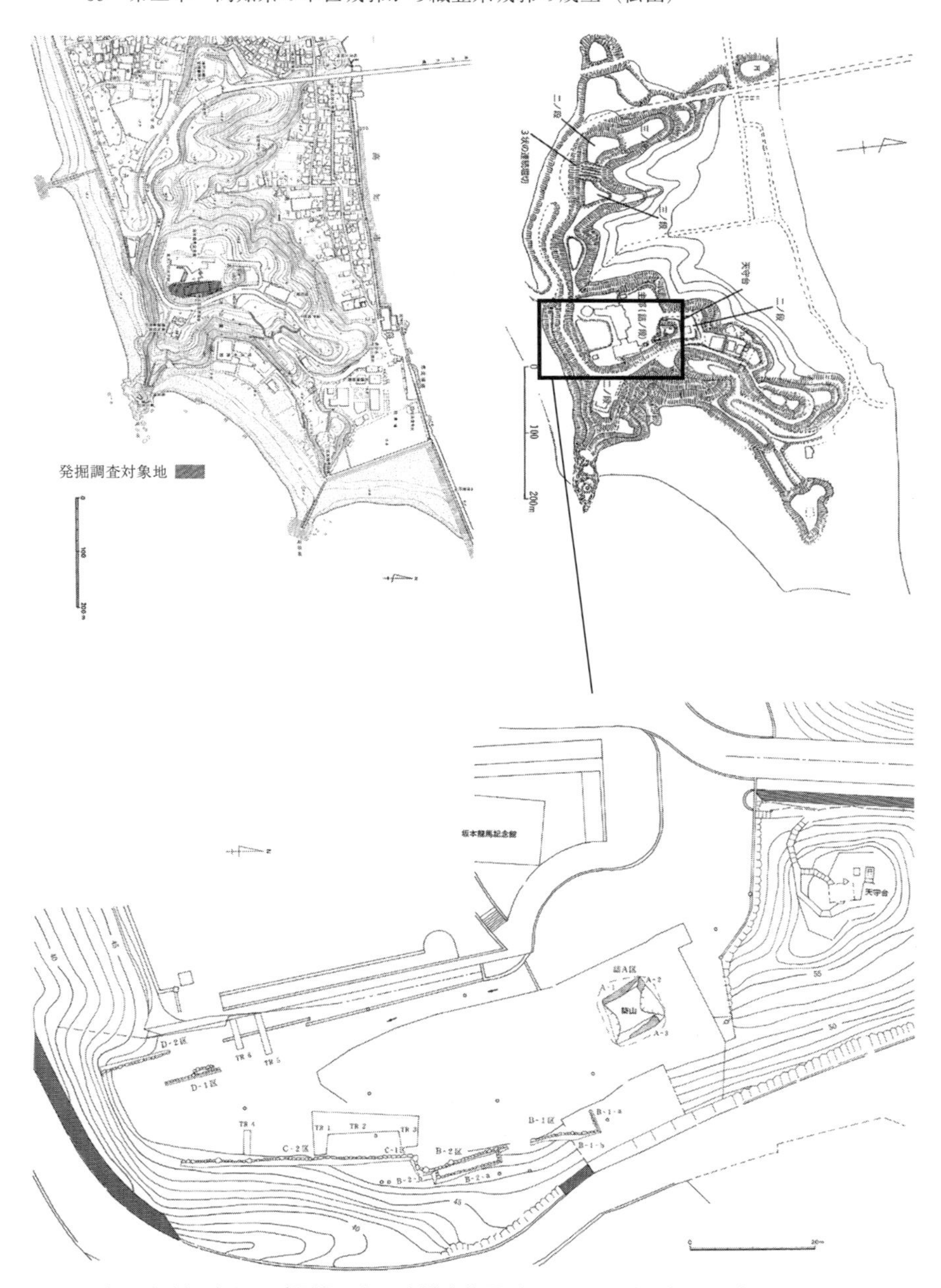

図３　浦戸城跡概略図及び発掘調査区遺構全体図〔高知市教育委員会、1995〕

戸城跡が立地する丘陵頂部からは、東方・西方それぞれに伸びる海岸線が一望でき、南には太平洋が広がり天候が良好な時には、高知県東端部にある室戸岬まで眺望が開けることがある。城跡の東側は、眼下に「月の名所」で知られる桂浜があり、北側は浦戸湾に開けた港で天然の良港になっており、山裾部には浦戸城下町遺跡が所在する。

長宗我部氏の居城として有名であるが、その発祥は南北朝期の頃まで遡るとされるが詳細は不明である。最近の研究では、南北朝期の建武三年（一三三六）に北朝の津野氏らが浦戸で戦った様子が堅田経貞軍忠状写に記されており、当時浦戸城が南朝守護目代方の拠点であったとされている（朝倉二〇一四）。天文年間に勢力を延ばした本山氏の支城となったが、その後永禄三年（一五六〇）には長宗我部国親に攻められ落城し、長宗我部親貞が城監となっている。その後、長宗我部氏が豊臣傘下に入ってから大高坂城から浦戸城跡に移城し、長宗我部氏が改易され山内一豊が大高坂城に入城するまで存続していることは先に記した。

『皆山集』に吾川郡浦戸古城跡図が所収されているが、この古城跡を見ると丘陵東側の山頂部に長方形を呈した曲輪を構えている。この曲輪は「一」とも書かれて、周囲の主な曲輪にも「二」「二ノ下」「三」「三ノ下」と表記されている。「一」と記載されている主郭は、長宗我部地検帳の浦戸城の記載では「御詰ノ段」となっていることから、「一」は「詰ノ段」、「二」は「二ノ段」、「二ノ下」は「二ノ下段」を意味しているものと思われる。浦戸城の検地は天正一六年一一月に実施されており、「御詰ノ段」は横山九郎兵衛が在城しており、大高坂城から移転する三年くらい前の浦戸城の姿を知ることができる。

「御詰ノ段」とされる場所の現状は、標高五二・七m、平坦面の長さは東西約一一〇m、南北は約六三mを測り、東西方向に長軸を取る長方形の曲輪であったと想定される。古城跡図では、南に向かって三カ所に石垣が配され段が形成されている。現在、坂本龍馬記念館と国民宿舎「桂浜荘」が建設されており、桂浜荘建設時に発掘調査が行わ

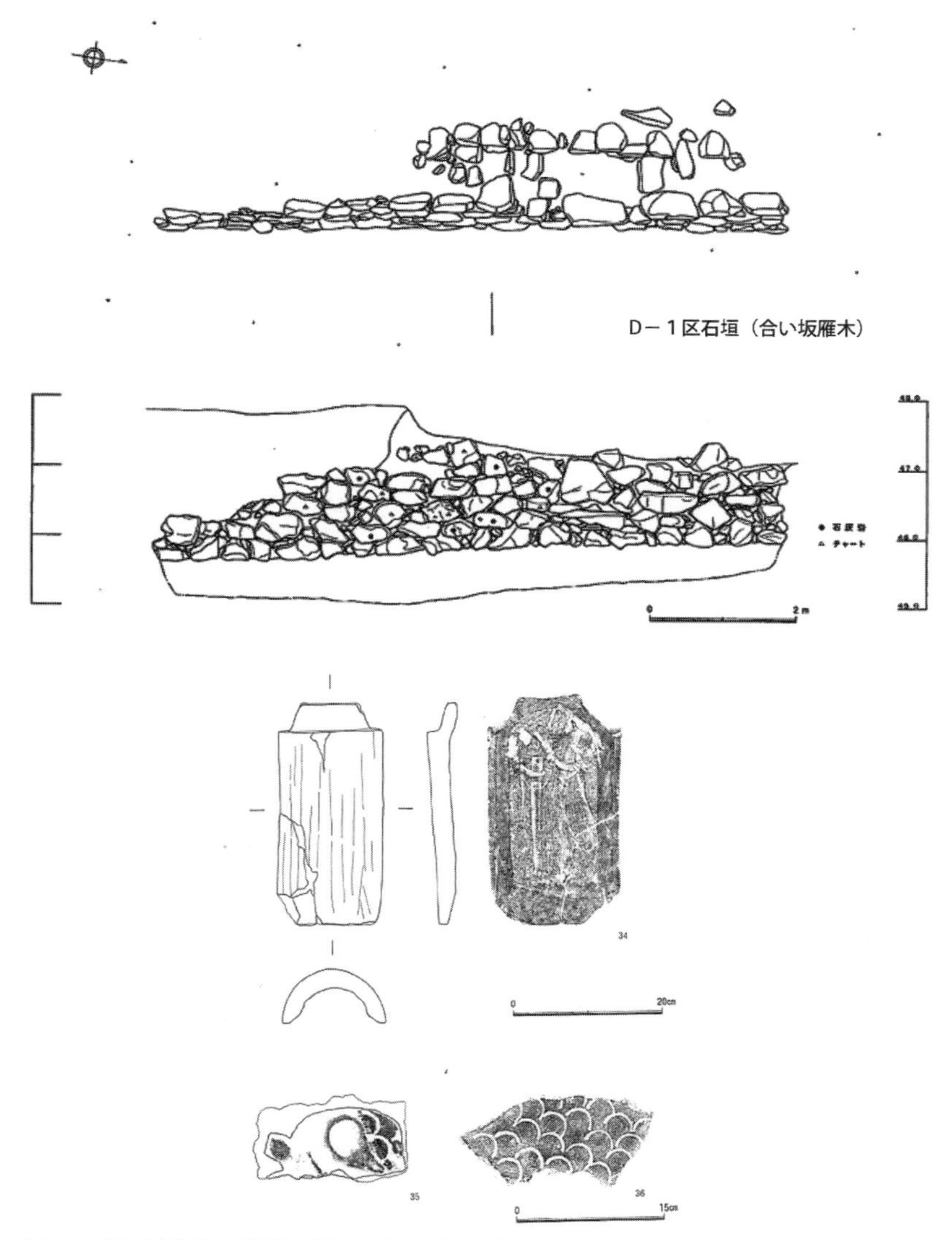

図４　浦戸城跡検出遺構の石垣と出土瓦〔高知市教育委員会、1995〕

れており、石垣遺構（D―1区の合い坂雁木を持つ石垣も含む）や瓦（鯱瓦片）などの遺物が出土している（高知市教育委員会・高知県埋蔵文化財センター一九九五）。

この詰ノ段北東隅には、「五間四方」と古城跡図に記載されている「天守台」が残る。天守台は、最頂部の標高は五九・七m、東西一一m、南北一五mを測り、詰ノ段との比高差が七mある。現在は大山祇神社が鎮座しているが、平面形は不正方台形を呈しており、斜面部には石垣の石と思われる石材が露出している所があり石垣が残存している可能性がある。城跡の西側で西北方向に伸びる尾根上は、平成三年（一九九一）度の公有化に伴い公園に整備された場所で、連続した平坦面が見られる。西端部は、現在浦戸大橋に至る道路で削平されている。

古城跡図によれば、「二」「二ノ下」「三」「三ノ下」「四」「四ノ下」と表記された曲輪が続いているが、この西側尾根部の「二」と「三」と表記されている二ノ段との三ノ段の間には、三条の連続した堀切が残存している。この遺構は、長宗我部親貞から横山九郎兵衛が在城していた頃の遺構と考えられる。このように浦戸城跡は、中世の城の姿を残しつつも詰ノ段に初めての天守台を付設し、また鯱瓦を葺いた建物を作事し雁木を取り入れた石垣が構築された織豊系城郭である。城の造りは、豊臣秀吉の影響下で普請・作事されたと考えられ、長宗我部氏の居城として城下町にも重臣を強制的に移住させた。長宗我部氏は、文禄・慶長の役に備えるなど、軍事上・経済上の理由から海上交通の結節点であるこの浦戸を居城として選地したと考えられる。

おわりに

岡豊城跡は、中世城郭の遺構として、食い違い虎口や、横堀、堀切、土塁、畝状空堀群等が見られ、詰の礎石建物は屋根瓦が使用され、天正三年（一五七五）銘の瓦も出土した。三ノ段には礎石建物と高さ一m弱の石積みが検出されているが、裏ゴメや盛土を持つ石垣は構築されていない。岡豊城跡は、天正一三年以降、織豊系城郭としての大高坂城を築くまで、土佐で最後の大規模な中世城郭として位置付けられる。これらの城郭構築技術などを、長宗我部元親がより早く岡豊城に導入できたのは何故であろうか。

平成二七年（二〇一五）に長宗我部氏と関係の深い石谷家文書の内容が刊行された（浅利・内池二〇一五）。この文書内容は、石谷家と長宗我部家の関係を深く読み取ることができる、織田信長重臣の明智光秀に使えた斎藤利三の実兄である頼辰が石谷家に養子として家を継いでいる。その石谷家の娘と長宗我部元親は結婚しており、元親の長男信親も石谷家の女子と結婚しており濃密な血縁関係が両家の略系図の中で見ることができる。明智光秀の坂本城は、安土城以前に瓦葺の建物が存在しており、元親は頼辰を介して斎藤利三との関係を深め、光秀の築城技術の情報などをいち早く取り入れた可能性が強いのではないかと思う。

平成二二年度には、岡豊城跡全体の赤色立体図が作成され、その立体図を参考に踏査が実施され最終的な縄張り図が完成している（南国市教育委員会二〇一二）。縄張り図を見ると、詰を中心に長く伸びる竪堀や、ある間隔で集中した竪堀などの畝状空堀群が観察できる。さらに横堀も、詰や伝厩跡曲輪・伝家老屋敷曲輪などの主要な曲輪を取り巻くように構築されている。その周囲に散在する小規模な曲輪群などもあり、岡豊城は、天正三年には総曲輪化され大規模な城郭になったと考えられるが、詰を中心とする曲輪群は防御性を優先した構造となっている。近江の浅井氏小谷城や毛利氏の吉田郡山城のような山城内での生活空間の場が現状では確認できない。山裾には、家臣団の重臣屋敷は存在するが、城主である長宗我部氏の居館は認められず、やはり山城内の曲輪のどこかに生活の場所を求めざるをえない。

それでは可能性のある場所を探ると、二ノ段北側に存在したであろう曲輪が有力視される。この場所は、現在歴史民俗資料館が建設されている場所で、過去には岡豊ハイランドのレストランがあった場所である。昭和六〇年(一九八五)代の調査開始時期には既に消滅していた曲輪である。しかし、曲輪が存在していたことは確実で、残存している北側や東側斜面には竪堀の一部分が残っている。岡豊城の中で一番広いと推定できる曲輪で、生活の場所と考えるには適した場所である。

今後の課題であるが、長宗我部氏は大高坂城から移り浦戸城を最後の居城とし、岡豊城までの土造りの城から石造りの城にしたのであるが、大高坂城や岡豊城を廃城にしたのかどうかである。毛利氏も広島城を築いているが、それまでの本拠である吉田郡山城を廃城にしたのかどうか、検討が必要ではないかと思う。例えば、阿波では、天正一三年に蜂須賀氏が徳島城を構築するが、それまでの一宮城は阿波九城の一つとして機能させている。これらのことを考えると、今後土佐でも発掘調査されている岡豊城跡や大高坂城の出土遺物の再検討も必要となってくる。

第四章　高松城の概要と変遷

大嶋　和則

月見櫓・水手御門・渡櫓写真（高松市教育委員会提供）

第一節　高松城の概要

高松城は「讃州讃岐は高松様の城が見えます波の上」と謳われたように、北は瀬戸内海に面し、残る三方に内堀・中堀・外堀の三重の堀を有した海城である。天正一五年（一五八七）豊臣秀吉から讃岐一国を与えられた生駒親正によって、翌一六年に築城が開始された。その縄張りは藤堂高虎・黒田孝高・細川忠興など諸説がある。関ヶ原の戦いでは親正は西軍に与するが、子の一正が東軍で活躍したこともあって、戦後は一正に讃岐国が安堵された。生駒氏は四代五四年続くが、寛永一七年（一六四〇）、四代高俊の時に家臣団同士による騒動により改易され、出羽国矢島一万石を堪忍料として与えられた。

生駒家の後、一時的に讃岐一国は伊予三藩により分治され、高松城は大洲藩加藤泰興に預けられるが、寛永一九年、徳川御三家の水戸藩主徳川頼房の長子松平頼重が東讃岐一二万石の領主となった。頼重は、寛文一〇年（一六七〇）に天守改築、翌一一年からは東の丸・北の丸の新造などを行っている。一方、徳川光圀は、兄を差し置いて水戸家を継いだことを悔やみ、実子頼常に高松松平家を継がせ、頼重の子に水戸家を継がせた。以後も水戸家等からの養子を迎えるなどしながら、明治を迎えるまで松平氏一一代の居城として威容を誇った。

明治以降は海域が埋め立てられ、城の中心部を残して市街化され、往時の八分一の広さになっているが、昭和二九年（一九五四）に高松市の所有となり、翌三〇年に玉藻公園として市民に開放されている。城跡は国史跡、現存する櫓や大正時代に建築された披雲閣など七棟が国重要文化財、披雲閣庭園が国名勝となっており、三重の指定を受けている。

表１　高松城略年表

和歴	西暦	主な事項
天正16	1588	生駒親正により高松城築城開始。
寛永17	1640	生駒高俊領地没収。出羽矢島１万石を堪忍料として与えられる。
寛永19	1642	松平頼重に東讃12万石が与えられる。
寛永21	1644	松平頼重が高松城の修築を開始。
寛文10	1670	天守改築。３重４階地下１階の南蛮造り。
寛文11	1671	東の丸・北の丸の新造開始。
元禄13	1700	三の丸御殿完成。
慶応４	1868	土佐藩を中心とした官軍に開城。
明治４	1871	兵部省の所管となり、大阪鎮台分営設置。
明治17	1884	天守解体。
明治23	1890	陸軍省から高松松平家へ払下げ。
昭和22	1947	艮・月見・渡櫓、水手御門国宝指定（昭和25年に重要文化財）。
昭和29	1954	高松市の所有となる。
昭和30	1955	国史跡に指定、玉藻公園として市民に一般公開。
平成24	2012	披雲閣が重要文化財指定。平成25年には披雲閣庭園名勝指定。

表２　歴代藩主

	藩主名	藩主期間	主な事項
①	生駒親正	1587～1601	信長・秀吉に仕える。秀吉中老。関ヶ原では西軍に参加。
②	生駒一正	1601～1610	父と共に転戦。関ヶ原は東軍に参加。讃岐一国を安堵。
③	生駒正俊	1610～1621	大坂冬の陣・夏の陣に参加。大坂城の普請にも参加。
④	生駒高俊	1621～1640	生駒騒動により出羽矢島１万石に転封。
1	松平頼重	1642～1673	常陸下館より入部。松平家200年の基礎を築く。
2	松平頼常	1673～1704	頼重の大改修を引き継ぐ。財政を建て直し、学問を奨励。
3	松平頼豊	1704～1735	地震・大火災など災害の頻発で藩財政窮乏。
4	松平頼桓	1735～1739	藩士の減禄、倹約令など財政緊縮に努めるも、若くして没。
5	松平頼恭	1739～1771	精糖法の研究、塩田開発等殖産の奨励。平賀源内登用。
6	松平頼眞	1771～1780	財政の引締めと民政の復興を行う。藩校講道館を建設。
7	松平頼起	1780～1792	度重なる大干魃発生。領民に米を貸す等善政を施す。
8	松平頼儀	1792～1821	地場産業の振興を行うも、藩札発行でインフレを招く。
9	松平頼恕	1821～1842	塩田開発等により財政再建を果たす。『歴朝要紀』の編纂。
10	松平頼胤	1842～1861	攘夷防衛の要所警固や水戸藩政後見で多くは江戸詰め。
11	松平頼聰	1861～1869	朝敵とされるが恭順の道を選択する。上京し後に伯爵。

第二節　高松城築城

生駒親正の城地選定

中世の讃岐には香川氏・安富氏・奈良氏・香西氏・十河氏・寒川氏などの勢力があり、天正一二年（一五八四）に長宗我部元親の領するところとなった。しかし、翌一三年、豊臣秀吉による四国平定の後、豊臣政権下に入った。これにより一部、十河存保の所領が認められたものの、秀吉配下の大名による支配を受けることとなった。まず仙石秀久、次に尾藤知宣が領主となるが、就封後間もなく九州出兵、さらにはその作戦失敗による短期間での領地没収もあり、仙石秀久が聖通寺城へ入ったと伝わるも、両名とも築城等の事跡は知られていない。

その後、天正一五年に生駒親正に讃岐一国が与えられ、本格的な織豊系城郭である高松城が誕生することになる。その城地の選定は『生駒記』（丸亀市一九九三）に詳しい。親正は、まず引田浦の小城（＝①引田城）に入る。しかし、国の東にあたり西の農民にとっては良くないので、鵜足津の古城（＝②聖通寺城）に入ろうとしたが狭い。このため、那珂郡津森庄亀山（＝のちの③丸亀城）に築城しようとしたが、大内郡へ一日のうちに行くことができない。

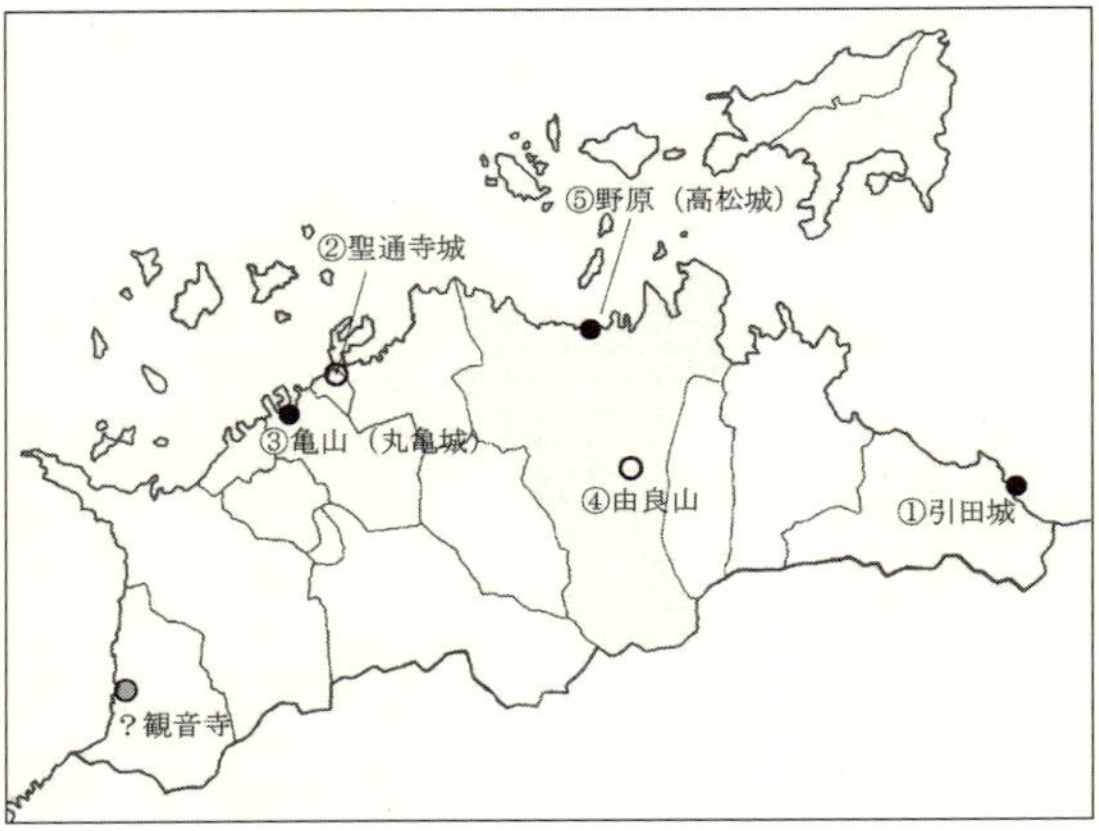

さらに、山田郡上田井村の④由良山に築城しようとしたが、水が乏しい。そこで、香東郡野原（＝高松城所在地）は

図1　生駒親正による城地選定箇所位置図

豊田郡までは遠いが一日のうちに行くことができることから⑤野原に決定したとしている。親正は城地を野原に決定し高松城を築城しているものの、丸亀城を築城し、引田城も利用しており、支城体制をとっている。

さらに、慶長年間末頃に制作された絵図の写しと考えられる『讃岐国絵図』においては、これら三城の他に観音寺に「古城跡有」と記されており、『西讃譜誌』においても「大坂陣の時分ハ観音寺ニモ御城アリテ、御家来頼上坂勘解由、一万石トリ、御城預リニ御座候」とあることから、観音寺城（高丸城）を含めた四城体制であったと考えられる。讃岐の東西両端とその中ほどに位置する高松・丸亀というバランスよく城が配置されていることがうかがえる。また、これらの城郭はいずれも中世の港町を基盤にしていることから、海上交通を意識したものと考えられる。

高松城築城以前の状況

高松城の築城に関しては一次史料がなく、香西成資が古老の話を元に寛文三年（一六六三）に『南海治乱記』として成稿し、以後五〇余年かけて増補修正し、享保三年（一七一八）に奉納された『南海通記』の記述が最も詳しい。同書は、藤堂高虎の履歴に矛盾があることや、筆者の香西成資が黒田家家臣であることから、黒田孝高の事跡を過大評価した可能性が指摘されており〔胡二〇〇七①〕、その記述を完全に信用することの是非はあるが、築城時の様子を伝える唯一の史料である。

同書では築城直前の状況について、西側と東側に海が湾入しており、その間の砂州（陸地）が海に向かって突き出す様子が、あたかも一筋の矢のようであることから箆原（野原）郷と称され、郷内には西浜・東浜という漁村があったと記載されている。この記述から、これまでさびれた漁村に高松城が突如築城されたイメージが持たれてきた。築城前の「野原」という地名もその響きからより一層、何もないようなイメージを植えつけてきた。

しかし、平成七年(一九九五)以降に開始されたサンポート高松総合整備事業に伴う西の丸町地区や浜ノ町遺跡の発掘調査において、一二世紀から一三世紀後半の港湾施設が検出されたことを契機に「港町」であったことが判明した〔佐藤ほか二〇〇三、松本ほか二〇〇三、乗松二〇〇四〕。その後も現在まで数多くの発掘調査が行われており、中世後半では無量壽院や区画溝を有する屋敷地などの検出例もあり、「経済基盤の整った港町」という本来の景観が明らかになりつつある〔香川県歴史博物館二〇〇七〕。

高松城の築城過程

高松城の築城年については、多くの近世史料において天正一六年(一五八八)であることが記述されており、これを否定する根拠はない。一方、高松城の完成は天正一八年とする伝承があり、これが一般的に流布しているが、その根拠となる史料はない。このため築城過程はこれまで不明であった。

『南海通記』によると、天正一六年に築城が開始されたとされ、同一七年に生駒親正は藤堂高虎に城地の見分を依頼し、高虎が黒田孝高と高松へ訪問するよう段取りをしていることがわかる。この時、親正は城地について意見を求めているだけであり、孝高が来高したとしても助言の域を出なかったと考えられている〔胡二〇〇七①〕。また、孝高と高虎の城地見分に際し、「西浜東浜ノ間ニ仮屋形ヲ造リ」という記述があり、築城開始の翌年に仮屋形が整備されたにすぎず、さらに孝高の意見を聞いて城地に定めたとあり、これ以降に本格的な築城があった可能性が考えられる。

この他にも『南海通記』とほぼ同時期に著されたとされる『生駒記』や、天保四年(一八三三)に著されたものではあるが、生駒家自身の由緒書である『讃羽綴遺録』〔矢島町教育委員会一九九七〕では、縄張りは黒田孝高あるいは細川忠興によるとされており、縄張り者については不明と言わざるを得ない。

高松城の天守台石垣に着目すると、隅角部が算木積で構築されており、慶長年間以降の様相であることから、天正年間に築造された石垣が改修されたものと考えていた。しかし、発掘調査では石垣改修の痕跡は認められておらず、天正一六年という築城年代と石垣構築技術の間に差異が認められる。また、天守台からは一七世紀前半の遺物が出土しており、天守台の築造自体が一七世紀前半に下ることが判明している（大嶋ほか二〇一二）。

また、傍証にはなるが、『讃羽綴遺録』によると、生駒家は三亀甲と丸車を家紋として使用していたが、朝鮮出兵の渡海時に船に陣幕を張っていたところ、波によって丸車が半分に見え、その時に戦功があったことから、以後半分の車の形を家紋とし、「波引車」と称するようになったという記述がある。天守台石垣解体時に「波引車」の刻印が石垣内部から発見されており、かつ改修の痕跡がないということは、少なくとも文禄元年（一五九二）以降の築造ということになる。

さらに、城下町の形成過程に関する佐藤氏の研究によ

図２　高松城範囲図（下図：2010年都市計画図）（高松市教育委員会提供）

ると、法泉寺や弘憲寺が慶長年間に現在地に移されたことが寺記に残っている（佐藤二〇〇七）。また、大手の正面にあたる「丸亀町」についても、『讃羽綴遺録』によると慶長一五年（一六一〇）に生駒正俊が高松城へ入る際に丸亀から商人を移して整備されたとされる。このような都市計画が慶長年間に行われていることから考えると、高松城の築城の最盛期は、慶長五年の関ヶ原の戦い以降の慶長年間頃で、二代藩主一正による可能性が考えられる。

なお、高松城の縄張りは、現在の地割と絵図から復元が可能であり、一部ではあるが発掘調査でも推定位置で堀が検出されている。高松城の縄張りを観察すると、中堀と外堀が同方位でないことに気付く。外堀より南側は、高松平野で見られる条里地割と同方向（約一〇度東傾）の地割となっている。一方、中堀より内側は概ね正方位（約二度東傾）の地割となっている。これまでの発掘調査から、築城前までに城の南部には条里地割の延伸地割が形成されていることが判明しているが、海辺にあたる中堀城の東西では海岸線に起因すると考える地割が形成されており、それらをうまく取り込みながら築城していることもうかがえる。

生駒親正の高松城は？

それでは生駒親正が築城したとする築城当初の高松城はどのようなものであったのかという点が問題である。ここでまた『南海通記』に着目すると、親正は天正一七年（一五八九）までに西浜と東浜の間に「仮屋形」を作っている。この仮屋形こそが親正の高松城の実態ではなかっただろうか。

親正の城を読み解く手掛かりとして、二の丸の内堀に面した石垣が挙げられる。特に南東隅角部の石積みは、上部は天守台の隅角部と同様算木積みとなっているが、下部の四分の一程度は算木積みになっていない。また、石垣の勾配も上部は急で、下部は緩やかである。使用石材も下部にはわずかではあるが凝灰岩が用いられている点で上部と異なる。発掘調査が行われておらず、また野面石の乱積みのためか明確な積直しの痕跡の目地も見られないため断定はできないが、上部と下部では時期差があると考えられる。下部は城内で最も古相な様相を呈しており、親正が築城当初に築造した石垣の可能性が考えられる。

第三節　松平氏による高松城の改修と各曲輪の概要

松平氏による改修

生駒家時代の高松城は、天守台が所在する「本丸」を中心に右回りに曲輪が配されており、本丸の北側に位置する「二の丸」、本丸と二の丸の東側に位置し、御殿披雲閣が所在する「三の丸」、三の丸と本丸の南側に位置する「桜の馬場」、そこから北側へL字に折れ曲がり、本丸と二の丸の西側に位置する「西の丸」からなる。本丸と二の丸を囲むように内堀、さらにその他の曲輪を囲むように「中堀」が所在する。中堀の外側は西・南・東方向に武家屋敷を中心とした「外曲輪」が見られ、その外側は「外堀」で囲まれている。

生駒氏四代の後、高松城主となった松平頼重は『小神野筆帖』(大嶋二〇〇九)等によると、入部三年目の寛永二一年(一六四四)、城の改修に着手し、寛文一〇年(一六七〇)にはそれまでの三重であった天守を三重五階(三重四

図3　二の丸南東隅石垣

階＋地下一階）に改築した。さらに頼重と二代藩主頼常は寛文一一年から延宝五年（一六七七）に、三の丸北側の海を埋め立て「北の丸」の新造を、さらに中堀の東側に新たに中堀から続く堀を開削し「東の丸」の新造を行い、月見櫓や艮櫓を建築した。また、同時期頃と考えられるが、南面に所在した大手を南東側へ移動させ、さらにそれまでの御殿と対面所に分掌されていた政庁機能を一本化し、元禄一三年（一七〇〇）に三の丸に御殿を建築した。その後、石垣や堀浚え等の許可の記録は見られるが、大規模な縄張りの改変もなく、松平氏の治世は明治維新まで続くことになる。

以下、絵図や文献史料等から読み解ける情報や発掘調査成果を基に、各曲輪の概要を紹介する。

各曲輪の概要

本丸は城内の中心にあたり、東端に天守台を張り出して配置している。周囲は内堀で囲まれ、二の丸とを繋ぐ鞘橋が唯一の導線であった。さらに周囲すべてを

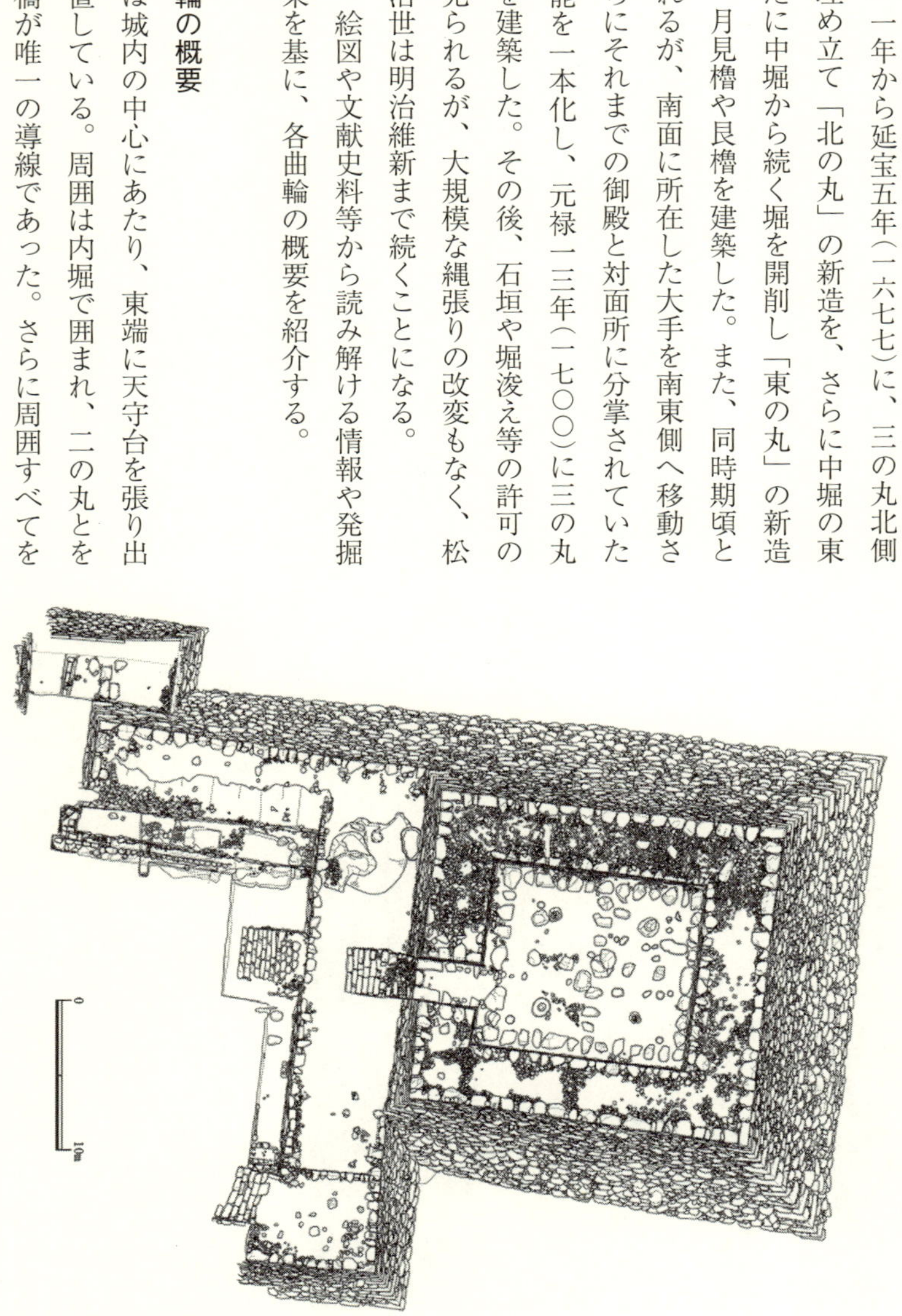

図4　天守台発掘調査平面図（高松市教育委員会提供）

多聞櫓で取り囲んでおり、南西隅に地久櫓（二重）、北西隅に矩櫓（平）、北面の虎口部分に中櫓（平）と中川櫓（平）が配置されていた。『高松城下図屏風』には本丸内に御殿が描かれており、松平初期まで御殿が存在したことがうかがえるが、その後建物等は建てられていない。

本丸のうち、天守台の石垣解体修理に伴う発掘調査が行われている。調査では天守の地下一階の存在が確認され、その床面では礎石が五八個検出され、入口の六個を除く五二個の礎石は「田」の字状に並んだ状態で検出されている。礎石の上面では天守の内部構造を解明する上で重要な痕跡が検出されている。まず、南東隅の礎石上面には南北方向に約三〇cmの直線が刻まれており、礎石上部に据える土台の設置位置を示す可能性が考えられている。また、北西部の礎石にも土台痕跡と考えられる変色や破損が確認されている。この線刻と土台痕跡の間は東西約一一・八mを測る。なお、地下一階は『小神野筆帖』では「東西六間南北五間」

図５　天守台地下１階完掘状況（高松市教育委員会提供）

と記載されており、東西は一一・八二mであり、一間を六尺五寸(約一九七cm)とすると文献の記載が正しいと言える。

さらに、「田」の字状に並んだ礎石の空白部分の四箇所において柱穴が検出され、礎石と掘立柱を併用した特異な構造であったことも確認された。さらに、検出された柱穴のうち北西と南東の柱穴には直径約三〇cm余のツガ科の丸柱が残存していることが確認されている。柱材は放射性炭素年代測定において、西暦一六三〇～一六六〇年代の可能性が高いことが確認され、松平頼重による改築時に伐採されたと考えられている〔大嶋ほか二〇一二〕。

天守は古くから外観写真が知られており、最上階がその下の階より張り出す南蛮作り(唐作り)で、地上一階が石垣より

図6　高松城天守 CG(VR 高松城：高松市提供)
ＶＲ高松城＝無料アプリにより往時の姿を再現

張り出すことも特徴である。『小神野筆帖』によれば、頼重の改築については、当初姫路城天守を真似ようとしたが、「大荘」であることから小倉城天守を真似たとある。しかし、小倉城は南蛮作りではあるが、破風はないことから形は小倉城天守を模しながら、破風については姫路城を模した可能性が考えられる。ちなみに、『小神野筆帖』では「高拾七間半内石垣四間」とあることから、建物高さは一三間半で、二六・六mを測り、四国最大の天守であったと言える。

二の丸は、かつては北側が海に面し、残る三方は内堀に囲まれていた。二の丸の入口は三の丸からの入口として北東側の櫓門である鉄門が一般的であるが、北西側にも西の丸からの入口の剱橋口が存在した。三の丸側の北東隅には武櫓（二重）が所在し、鉄門を挟んで黒櫓（平）が所在した。西の丸側の北西隅に廉櫓（二重）、剱橋口を挟んで弼櫓（平）、南西隅に文櫓（二重）が存在した。『高松城下図屛風』では御殿風の建物が描かれており、生駒家時代及び松平家時代初期には御殿が所在したようであるが、その後、曲輪内には南北方向の細長い建物が建てられているが、用途は不明である。

三の丸は、南東隅に龍櫓（三重）とそれに取りつくように三の丸南辺と東辺に多聞櫓が存在した。南側には桜の馬場からの入口にあたる桜御門（櫓門）が所在した。また、当初は北側に東方からの入口にあたる海手門（櫓門）が所在したが、頼重の改修に伴い廃され、新造された北の丸に続くようになった。『高松城下図屛風』においては北西部に東西方向の建物一棟、南西部に南北方向の建物二棟が描かれているが、元禄一三年（一七〇〇）に三の丸の大部分を占める範囲に御殿披雲閣が建築され、以後藩政の中心となった。

桜の馬場は、生駒家時代には南側中央部に大手である古太鼓門（高麗門＋櫓門）が設けられ、東端には藩政を行う場として対面所、西半は厩や近習者の屋敷として利用されていた。『高松城下図屛風』によると、生駒家時代の絵図には見られない桜の馬場西側にも、外曲輪からの入口として西新門（高麗門＋櫓門）が設けられたことがうかがえる。その後、松平頼重の改修に伴い、大手は南から南東の旭門（高麗門）と太鼓門（櫓門）が新築された。これに伴い対面所は廃されたが、その機能は新たに建築された三の丸の御殿に引き継がれ、近習者の屋敷等も外曲輪などへ移された。さらに南東隅に太鼓櫓（三重）、南西隅に烏櫓（三重）、中央南寄りに道具蔵が新築された。

西の丸は、海に面した北側と中堀に面した西側を多聞塀で囲み、東側は内堀に面していた。生駒家時代には一族の屋敷等が設けられていたが、松平頼重の改修後は北西隅に虎櫓（二重）が設けられ、曲輪内には時代によって変遷があるが、薬園や学問所、考信閣と呼ばれる歴史編纂所などが設けられるなどした。

北の丸は、松平頼重による寛文一一年（一六七一）からの埋め立てによる拡張工事により新造された曲輪で、それを引き継いだ二代頼常によって完成された。現在も渡櫓の石垣にはその拡張の際に石垣を継ぎ足した痕跡が残っている。西端には延宝四年（一六七六）に建築された月見櫓（三重）・渡櫓（平）・水手御門（薬医門）が設けられた。このうち、水手御門は海に向かって開く門で、参勤交代の際などには藩主は門から小舟で沖へ出て、大型の御座船に乗換えて航海に出たと言われている。北東隅には鹿櫓（二重）が配置され、曲輪北側の海に面する月見櫓との間と、東側の東の丸との境を多聞櫓とし、東の丸からの入口の門（櫓門）が所在した。

東の丸も、松平頼重により新造された曲輪で、その際に新たに開削した中堀が発掘調査で検出されている〔北山一九九九〕。現在は北側及び東側の一部の石垣が史跡指定範囲となっている。北は海に面し、北東隅には現在桜の馬場南東部隅に移築されている重要文化財の艮櫓（三重）、南東隅には巽櫓（二重）が所在した。海に面した北側は多聞櫓とし、東側と南側は多聞塀で繋いでいた。大手前の下馬所からの入口と東側の外曲輪からの入口の門が設けられていた。曲輪内は北が米蔵丸、南が作事丸に分けられ、それぞれ米蔵と作事方の建物が建ち並んでいた。

これらの内曲輪の曲輪群を囲む中堀より外側で外堀までの範囲が外曲輪で、その大半は上級家臣の屋敷地であるが、北東部一帯には町人地も見られる。外曲輪の外堀に面する部分は、『高松城下図屏風』などによると土塁状に描かれており、塀なども見られない。外曲輪の入口は東・西・南の三箇所があり、このうち南側が大手筋にあたり、城下町の中心部へと続いている。

外曲輪においては多くの発掘調査が行われ、絵図や文献との整合が確認されている。旧大手前面に所在した藩主連枝の松平大膳家の屋敷地では『高松市街古図』に描かれた位置で門を検出した〔小川ほか二〇〇四〕他、同家の家紋をあしらった理兵衛焼や瓦が出土している〔大嶋二〇〇二〕。同様の事例は、西の丸町地区の発掘調査において、『高松城下図屏風』に描かれた鍵型の道路が検出され、生駒期には上坂勘解由、松平期には大久保家の屋敷地であり、そのことを示す木簡や家紋瓦が出土している〔佐藤ほか二〇〇三〕。また、外曲輪南辺では『高松城下町屋敷割図』に「井戸址」という記載が見え、同位置で生駒家の家紋が刻印された石材を使用した大型井戸が検出されている〔小川ほか二〇〇六〕。さらに、外曲輪南東隅の東町奉行所跡では奉行所を囲む堀跡と考えられる遺構が検出されている〔小川ほか二〇〇五〕。今後も外曲輪では開発に伴う発掘調査が予想され、その成果の蓄積が期待される。

城としての機能の喪失

松平氏による改修が行われる過程やその後の修理等において、城は本来の機能を果たさないものとなっている。例えば、『小神野筆帖』によると、天守の最上階が「諸神の間」とされ、「諸神を三千体神金の厨子四神旗等被仰付候、正（五）九月三度ツヽ大般若執行」と記載されている。戦時においては最終的に立て籠もるべき施設でありながら、宗教色の強い建物であったことがうかがえる。

このほかにも、本丸と二の丸を唯一繋ぐ鞘橋は、当初は屋根のない欄干橋であったが、文政六年（一八二三）の「讃岐国高松城石垣破損堀浚覚」においては、屋根付に描かれている。本丸に向かって攻めて来る敵に対し、矢玉を浴びせるためには屋根があると邪魔になるが、橋の維持管理や日常生活の中で防御をするという本来の機能が失われ、利便性・耐久性を求め屋根付に代わったと考えられる。

第四節　高松城の廃城

廃城時の状況

慶応四年（一八六八）、高松藩は鳥羽・伏見の戦いで幕府軍に従軍したことから、朝廷は高松藩を朝敵として討伐するよう命じ土佐藩を中心とする官軍に開城した。長きにわたってその威容を誇った高松城も、明治維新を迎え、廃城を余儀なくされた。廃城の様子については『高松城史料調査報告書』に関連資料が所収されている〔大嶋二〇〇九〕。『公文録　高松藩之部　全』によると、明治四年（一八七一）には高松藩から城を破却して材木や石材を開墾のために使い文明開化の一助としたいという願いが出されている。『明治四年　高松藩庁諸令達控』等によると、廃城前に城内の見学会が催されている。その後、兵部省大阪鎮台第二分営の設置により、廃城は差し控えられ、明治六年のいわゆる廃城令に際しては、高松城は存城となった。しかしながら、同年には高松城内の鎮台分営は廃止され、丸亀城に広島鎮台第二分営が設置され、翌七年に丸亀兵営が新築されると、高松営兵が丸亀へ移された。陸軍省は高松城の維持管理が困難になったためか、『明治　大日記』によると、明治九年に城の一部を内務省に返却する伺いなどが出されている。

さらに、明治一三年には、建物の調査を行い、多くの建物の解体が予定され、その売却見積りなども行っていることがうかがえる。この時は、現存する重要文化財四棟のほか、天守と御殿は存置する見込みであった。結果的には、明治一六年一〇月二九日陸軍卿大山巌に対し、老朽が進んでいる建物の解体を行い、再利用可能なものは存置する建物の修理や外周の囲いとして用い、その他の不要のものはすべて売却する伺いが出され、一二月四日に許可されている。『年々日記』によると、明治一七年四月四日に天守（原文は天守台とあるが、天守台は発掘調査により解体の痕跡がなかったことから天守のことを指すと考えられる）が中程まで解体されている状況がうかがえる。

松平家への払下げ及びその後の利用

明治二三年（一八九〇）には、陸軍省用地としたものの不用になった城郭について、元藩主などに相当の対価をもって払下げられる場合があり、高松城跡もこの時、松平家へ払下げられた。払下げ時の『建物払下登記願』によると、現在より数多くの建物が残存していたようであるが、明治三五年に第八回関西府県聯合共進会の会場となった際の絵図『共進会場平面図』では、建物の大半がなくなっていることがうかがえる。一方で、一二代当主頼壽により同年に天守台に藩祖頼重を祀る玉藻廟、大正六年（一九一七）には江戸時代の御殿披雲閣が所在した場所に同名の御殿風建築を建築している。その後松平家から財団法人松平公益会の所有を経て昭和二九年（一九五四）に高松市の所有となり、現在に至っている。

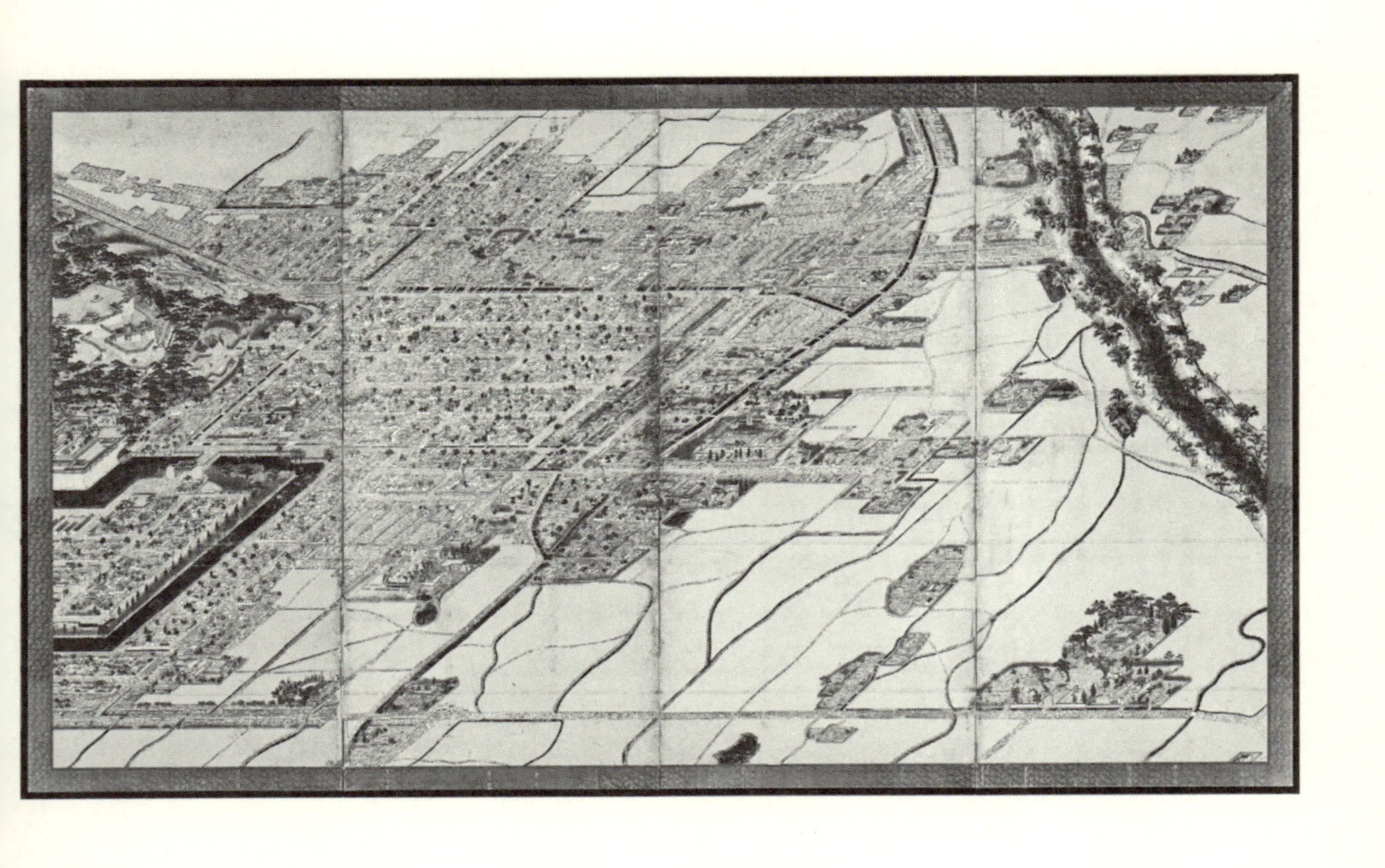

第五章　見えてきた伊予松山城の歴史

―近年の発掘調査から―

西村　直人

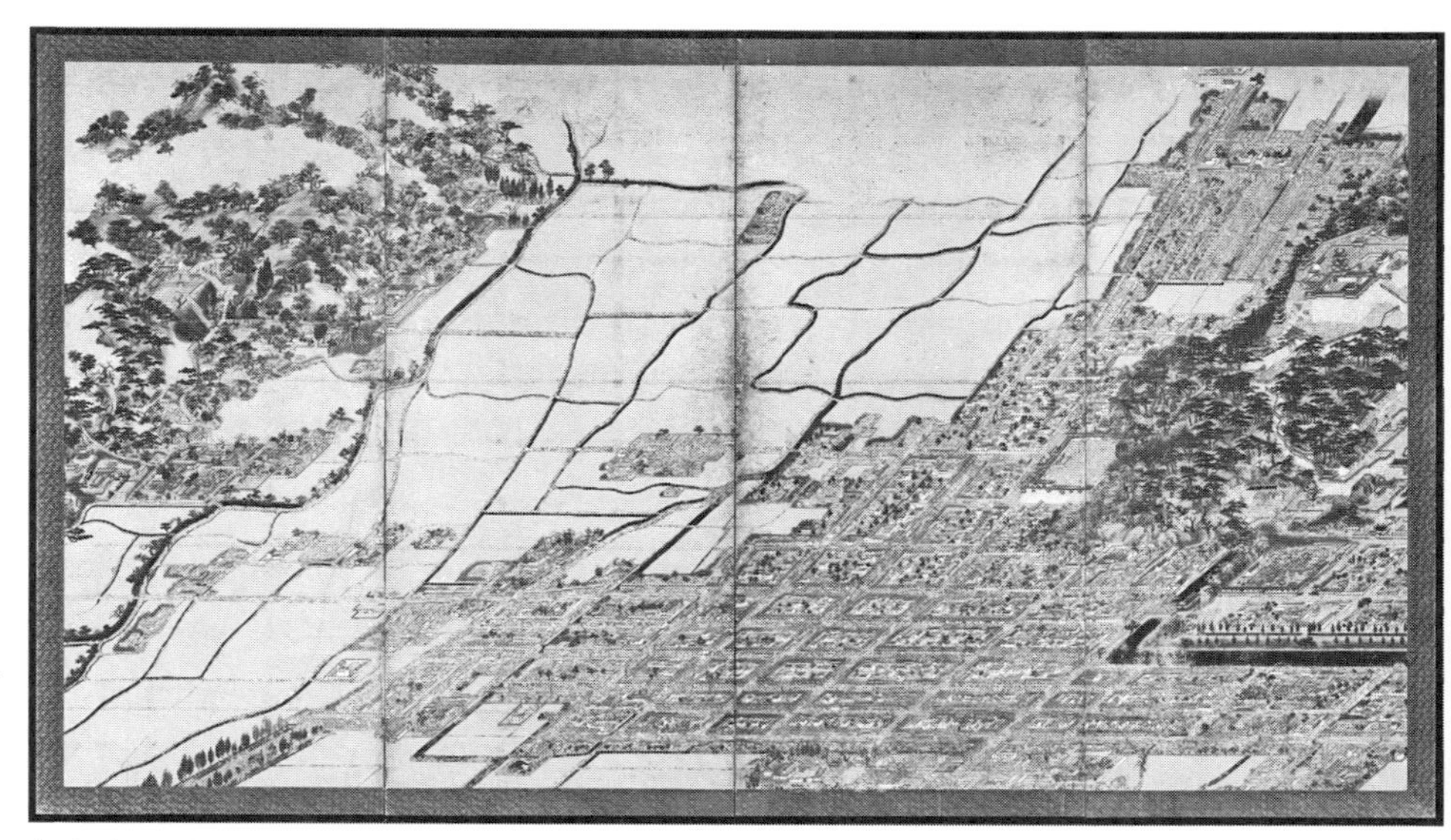

松山城下図屏風（愛媛県歴史文化博物館蔵）

はじめに

愛媛県松山市に所在する伊予松山城は、道後平野にある独立丘陵勝山（標高一三二m）を中心に所在する近世城郭である。主に本丸・二之丸・三之丸で構成された連郭式の平山城で、城域の大部分の六二haは国史跡、勝山の樹叢は県の天然記念物に指定されている。また、本丸に並ぶ建造物のうち二一棟は重要文化財に指定され、なかでも嘉永五年（一八五二）に再建された天守（大天守）は江戸時代では最も新しく、いわゆる現存一二天守の一つに数えられる。さらに、本丸と二之丸とを結ぶ登り石垣は、国内では希少かつ日本最長である。

このように伊予松山城は、天守を含む多くの建造物や石垣などの遺構を数多く残すとともに、既に高い歴史的、学術的評価を得ている。また、観光地としても城郭のなかで屈指の人気を誇り、年間約五〇万人の集客により松山市に多くの利益をもたらしている。しかしながら、そうであるがゆえに、建造物がほとんど残っていない他の多くの城郭のように、史跡指定や観光地化のための新たな価値の模索や創出をする必要にこれまで迫られてこなかった。

しかし近年、これまで文献史学中心に進められてきた近世と伊予松山城の研究・評価について、伊予史談会を中心に再考しようとする動きがあり、これまで行政が実施した発掘調査などの考古学的成果が求められるようになった。本来であれば、発掘調査報告書がこれに応えるべきであるが、これまでに幾度も発掘調査を実施しているにもかかわらず報告書を数冊しか刊行していないため、残念ながらそれには不十分な状況にある。調査担当者の一人として汗顔の至りである。

そういったなか、平成二八年（二〇一六）一一月に催されたシンポジウム「四国の城を考える」の内容を書籍として刊行するにあたり、執筆の機会を得ることとなった。本稿において右記の要求を補完できるとは到底思わないが、一端を報告することで些かでも応じることができればと思う。

第一節　伊予松山城とは

築城から復元まで

伊予松山城の築城は、関ヶ原の戦いの功により二〇万石の大名となった加藤嘉明が、慶長七年(一六〇二)に勝山に起工したことに始まる。翌年、嘉明は伊予正木城(伊予郡松前町)から伊予松山城に移った。天守は同一〇年頃に完成したとされる。寛永四年(一六二七)、嘉明は陸奥会津四〇万石に移封され、替わりに蒲生忠知が出羽上山から二四万石(うち四万石は近江日野)で入封した。この後、二之丸(御殿)が竣工し、伊予松山城は一旦完成した。寛永一一年、参勤交代中に忠知が京都で急死し、蒲生家が断絶した後、大洲藩主の加藤泰興らの在番を経て、翌年、松平定行が伊勢桑名から一五万石で入封した。同一六年、定行は天守・櫓・多聞塀及び石垣の改修の許可を幕府に得て、同一九年に普請を完了した。この時に天守が五重から三重に改築されたと伝わる。貞享四年(一六八七)には、松平定直(第四代)が三之丸に御殿を新設した。

天明四年(一七八四)、落雷により天守が焼失。松平定国(第一〇代)は、同年のうちに幕府に天守再建の許可を得たが、その後諸事情により普請に取りかかれず、弘化四年(一八四七)に松平勝善(第一二代)があらためて再建に着手し、嘉永五年(一八五二)に天守が完成した(落成式は安政元年〔一八五四〕)。明治三年(一八七〇)、三之丸御殿が焼失し、同五年に二之丸御殿も焼失した。天守は同六年の城郭存廃処分令が発せられた後も解体されずに今に残るが、昭和八年

（一九三三）に放火により小天守・南北隅櫓・多聞櫓が、同二〇年には戦災により天神櫓など一一棟、同二四年には再び放火により筒井門など三棟が焼失した。現在、ほとんどの櫓が木造で復元され、現存する二一棟は重要文化財に指定されている（『松山市史』『松山城』）。

城下町と縄張り

慶長六年（一六〇一）、加藤嘉明が城地の候補として挙げた天山・勝山・御幸寺山のうち、幕府は勝山に築城の許可を下した。勝山は平野の中心の独立丘陵で周囲に眺望がきき、西の三津と北の和気両港と道後を結ぶ交通の要衝である。勝山の南は小河川が西流する湿地帯であったが、治水工事によってこれを改善し、城下町とした。城下町は加藤時代の町割りが主体で、人口増に伴い侍町が拡大し町人地が変遷した。その構造は、城山を中心に東西南北に重臣の屋敷を置き、同心円状に侍町と徒士町を展開し、その北西と南東に町人地を配するというものである。外縁には北に寺町、東に土塁（砂土手）と堀（土器堀・念斎堀）を置き、防御線とした（『松山城』）。

縄張りは連郭式で、山頂に本丸、南西山腹に二之丸、南西平地に三之丸が置かれ、出曲輪として東山麓に東郭、北山麓に北郭、南山麓に名称不明の曲輪が設けられる。重ねて本丸北部に「本壇」と呼ばれる天守曲輪が置かれる。そのほか本丸の東山腹に長者ヶ平、西山麓に西之丸、二之丸の北山腹に倉庫群の曲輪が存在する。本丸と二之丸とは、南北端が登り石垣で連結、一体化する。二之丸と三之丸との間は内堀が掘られ、三之丸外周には土塁と外堀が巡る（図1）。二之丸には御殿、三之丸には御殿と役所・侍屋敷が置かれた。石垣は、鏡石のような威信的・意匠的な仕様が無く、実用的な積み方をされる。天守曲輪や本丸・二之丸などでは、高さ一〇mを超える。

このように、伊予松山城は城本来の防御力、すなわち機能性を重視した城郭であり、さらに文禄・慶長の役の拠点であった倭城にみられる登り石垣を採用していることから、戦時を強く意識した城郭といえよう。

第二節　掘り出された伊予松山城

発掘調査と絵図

伊予松山城では、昭和四五年（一九七〇）の本丸跡を始めとして、これまで大小合わせて五六回の発掘調査を実施している（図1）。その内訳は本丸跡の一〇回、二之丸跡周辺の一一回、三之丸跡周辺の二八回、その他（北郭や東郭など）の七回である。本章ではこれらのうち近年発掘調査を実施した三之丸跡と本丸跡の主な事例を紹介する。

また、発掘調査中またはその成果を考察するにあたって絵図や文献を参考にしたが、一方、発掘調査の成果を絵図の史料批判の材料とし、検証を試みた。伊予松山城の絵図には、既に数多くの城下町図や櫓や石垣の普請または修理図、建物見取り図などがあるが、近年、資料の新発見、再発見が続き、有効な資料が大幅に増加している。とりわけ、大きな収穫であったのが「松山城下図屏風」の発見である（本章扉絵）。この重要史料について先に若干の説明をしておきたい。

松山城下図屏風の発見

「松山城下図屏風」は平成二五年（二〇一三）に発見された。四曲一双の屏風で、本丸・二之丸・三之丸が、左隻と右隻で二分されている。西から松山城と城下町を俯瞰する視点で描かれている。描かれているのは、北（左隻）は御幸寺山の麓から南（右隻）は石手川まで、東は現在の勝山通り辺りから西は味酒神社までの範囲である。描写は、城郭の

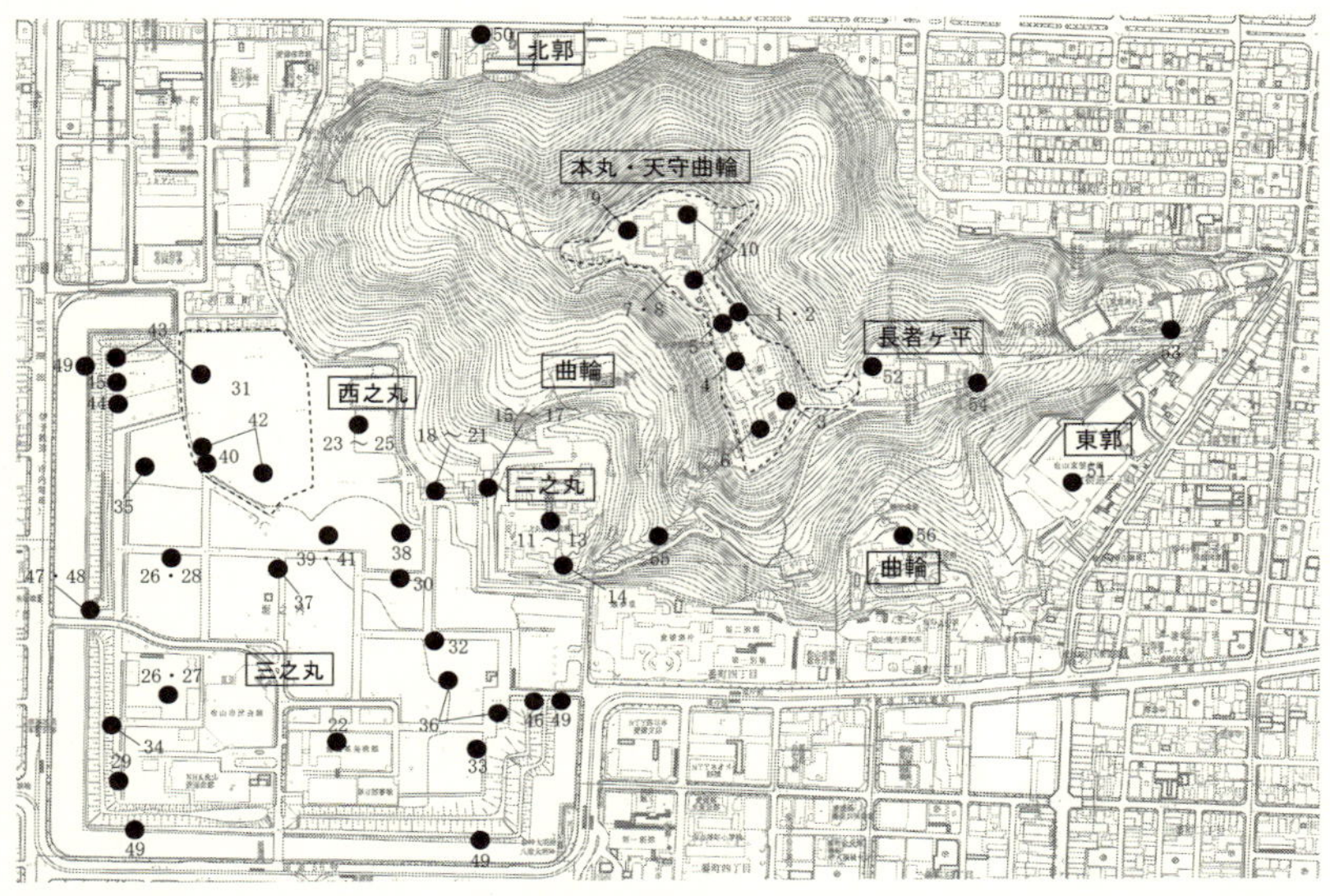

1. 本丸跡試掘調査　2. 本丸跡１次調査　3. 本丸跡地震被害状況確認調査　4. 本丸跡２次調査　5. 本丸跡３次調査　6. 本丸跡４次調査
7. 本丸跡５次調査　8. 本丸跡６次調査　9. 本丸跡７次調査　10. 本丸跡８次調査　11. 二之丸跡１次調査　12. 二之丸跡２次調査
13. 二之丸跡３次調査　14. 二之丸跡４次調査（城の内３号墳）　15. 槻門跡１次調査　16. 槻門跡２次調査　17. 槻門跡３次調査
18. 黒門跡１次調査　19. 黒門跡２次調査　20. 黒門跡３次調査　21. 黒門跡４次調査　22. 三之丸跡県民館跡地　23. 三之丸跡試掘調査
24. 三之丸跡１次調査　25. 三之丸跡２次調査　26. 三之丸跡庭球場及び野球場解体事前確認調査　27. 三之丸跡３次調査
28. 三之丸跡４次調査　29. 三之丸跡５次調査　30. 三之丸跡６次調査　31. 三之丸跡がんセンター解体事前確認調査　32. 三之丸跡７次調査
33. 三之丸跡８次調査　34. 三之丸跡９次調査　35. 三之丸跡がんセンター宿舎（擁壁）事前確認調査　36. 三之丸跡10次調査
37. 三之丸跡11次調査　38. 三之丸跡12次調査　39. 三之丸跡13次調査　40. 三之丸跡14次調査　41. 三之丸跡15次調査
42. 三之丸跡16次調査　43. 三之丸跡17次調査　44. 三之丸跡18次調査　45. 三之丸跡19次調査　46. 東御門跡
47. 土塁跡野球場・がんセンター宿舎解体事前確認調査　48. 土塁跡庭球場解体事前確認調査　49. 外堀跡　50. 北郭跡　51. 東郭跡
52. 長者ヶ平　53. 東雲神社（東雲口登城道）　54. 揚木戸口道（東雲口登城道）　55. 城の内古墳群　56. 妙寿院跡

図１　伊予松山城の曲輪と発掘調査箇所（S＝１/10000）

櫓のほか城下の侍屋敷や町屋についても精緻に描かれており、建物配置はもとより屋根の葺き方まで判別することができる。また、主要な水路や溜池が描かれており、流れを辿ることができる。なお、人物は一人も描かれていない。愛媛県歴史文化博物館は、この屏風の景観年代を元禄の終わり頃（一七〇〇年前後）とし、製作理由を当代藩主の松平定直の功績を伝世するためと推測している〔愛媛県歴史文化博物館二〇一四〕。

第三節　発掘調査から見た三之丸跡

道路と橋

三之丸跡の調査は、江戸時代の道路と区画を整備するための情報を取得することを主な目的としたものである。そのため、道路の位置や幅、構造を確認することが、何よりも優先であった。

調査により、ほぼ全ての道路に側溝が備わり、道幅は場所により異なっていることが判明した。道幅が最も広いのは、三之丸御殿の西に面する道路で、約八・八m（一七次調査）で、次に小普請所や長蔵などの藩の役所の周囲である。対して最も狭いのは、西端の侍屋敷に面した道路で、幅約二・五mである（九次調査）。同じ道路でも六m以上の差が生じている。差は道幅だけではなく、側溝の構造にも明らかに表れている。例えば、小普請所や御用米蔵の周囲の側溝は、石垣と同じ花崗岩が用いられ、大きさが揃っており、底面にも石が敷かれていた。しかし道路を挟んで相対する侍屋敷の前の側溝は、主に砂岩が用いられ、大きさも前者ほど揃っておらず、底面は素掘りのままであった。同一の道路の構造物であるにもかかわらず、接する施設によって造作が異なるのである（写真1）。

写真１　小普請所跡南面前の道路側溝

参考とした城下町絵図のうち、万延元年（一八六〇）に描かれた「御城下絵図」には、城下の道路と側溝とともに道幅の寸法が記されている。道幅という

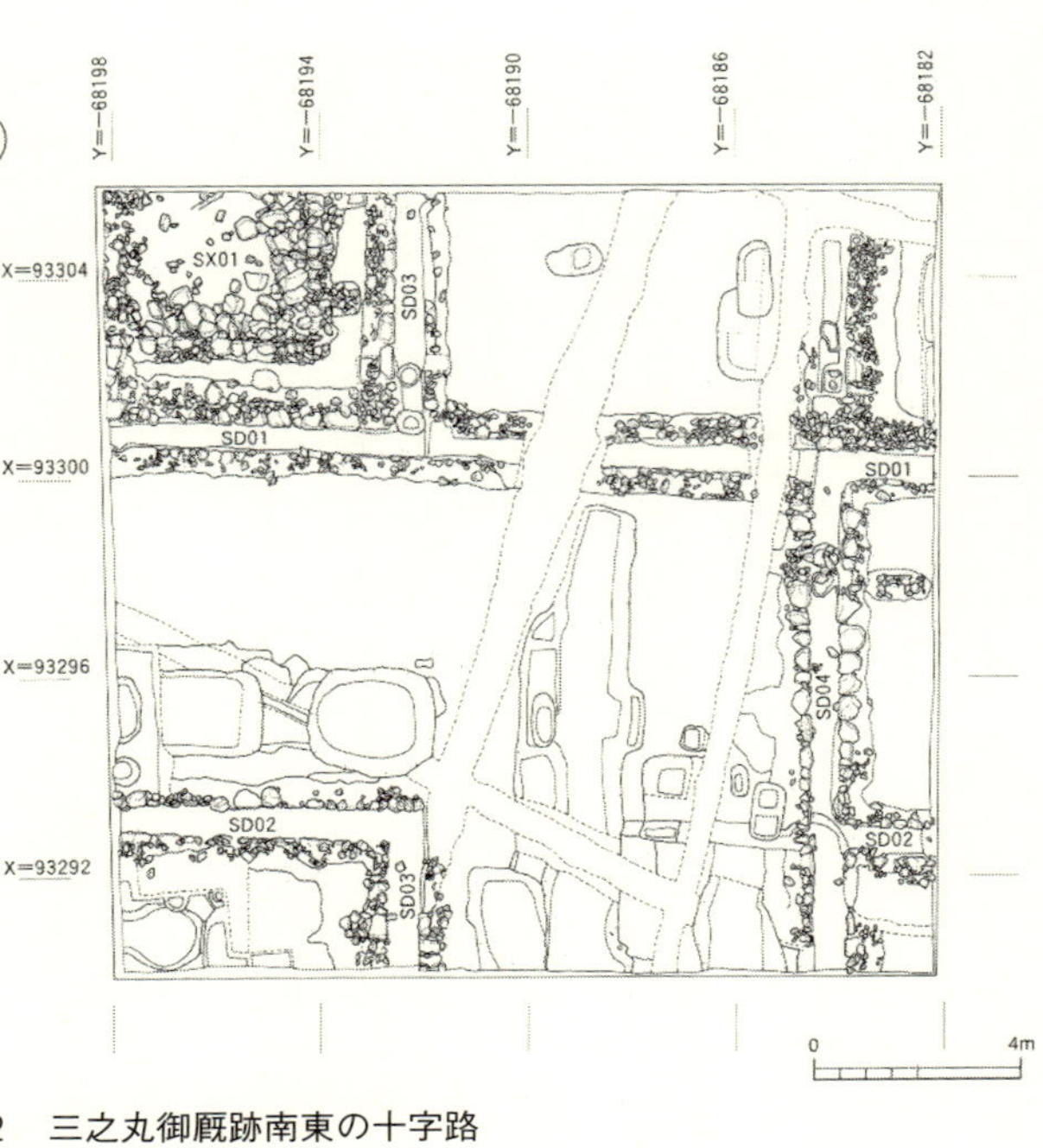

図2　三之丸御厩跡南東の十字路

と一般的には道路面の幅のことであるが、絵図に記された寸法と複数の調査によって得られた数値を照合すると、寸法は道路側溝幅を含んだ数値にほぼ整合するということが分かってきた。すなわち、「御城下絵図」に記された道幅とは、道路側溝を含んだ幅ということである。幕末の松山藩普請方の道路に関する考え方の一端を知ることができよう。

十字路やT字路に架かる橋を支える側溝の石材には、荷重に耐えるために大きめのものが使用されている。三之丸最大の幅をもつ御殿西側の排水溝では、架ける橋がずれないよう石材に一部加工が施され、荷重を分散させるための束石が溝中に設けられていた（一七次調査）。三之丸内唯一の十字路である御厩跡の南東の十字路でも、橋の架かる箇所には大きめの石材が使用されていた（四次調査、図2）。橋の位置は、「御城下絵図」や嘉永六年（一八五三）頃を描いた「松山城下町嘉永図」の描画と一致する。橋の素材は、調査で出土していないため不明であるが、「御城下絵図」では橋の一部に「イワゴ石」と付記されていることから、石である可能性が高い。

また、御厩跡南東の十字路のように、本来公道である道路に廃棄土坑（ごみ穴）が掘られ、坑内から幕末期の陶磁器が多数出土している。おそらくこれらは三之丸の居住地としての機能が部分的に停止し、道路として使用されなくなった明治時代初期に掘られたものであろう。

排水施設と貯水施設

では、道路側溝に流れた雨水や生活用水は、どのように処理されたのであろうか。

現在、三之丸跡の地形は、北東から南西へ傾斜している。調査の結果、江戸時代の地形も同じ方角へ傾斜していることが分かったが、さらに、調査によって得られた道路側溝の底面の高さを比較して排水経路を検討したところ、三之丸の排水は、南西隅の溜池に向かって流れる合理的なものであることが分かってきた。

写真２　三之丸南西隅の溜池跡

写真３　溜池跡の樋門

調査で検出した溜池跡は、南北長約四五m、東西約幅八mで、南端部が東へ九m以上拡張するため平面形はL字形を呈する。東岸と南岸は石積で護岸され、土塁内裾でもある南岸には樋門が東西に並べて二基設けられていた。樋門は、南側土塁の地下を通って外堀へ連結しており、土塁外裾には現在でも対応する樋門を認めることができる。おそらく、溜池の排水調整用のものであろう。近代以降、東側の樋門は管が繋がれ、施設の排水口として利用されていた。多くの城下町絵図で溜池が枡形に描かれる中、「松山城下図屏風」ではL字形に描かれ、さらに二基の樋門も描かれている。「松山城下図屏風」の詳細な描写が知れよう。

西之丸跡では、大型の井戸を三基検出した(一次調査)。最大のものは内径約二・七m、深さ約六・九mを測り、他二つも比較的大きなものである。同地は初め侍屋敷地であったが、三之丸御殿建設後に山里曲輪または井戸曲輪になったとみられる。文久四年(一八六四)に作成されたとされる「亀郭城秘図」や「松山城下図屏風」には、庭園や茶室などとともに、井戸を前者には三基、後者には二基見出すことができる。調査では三基の併存関係は分からなかったが、一基でも貯水量は十分なところ、複数併存となると、よほど水の確保を重視していたとみえる。

このように、三之丸と西之丸では水の確保に力を注いでおり、雨水を有効利用しようとする高い意識を伺うことができる。溜池と大型井戸、いずれも用途は主に防火用と思われる。

堀と土塁

多くの場合、堀と土塁はセットで造られる。堀を掘った土で土塁を築くためである。伊予松山城では、現在する二之丸の内堀や三之丸の外堀と土塁のほか、城下の東端に念斎堀と砂土手が造られていた。

調査で検出した二之丸の内堀跡の幅は、三五〜四〇m、深さは護岸石積の底面から岸上面まで二・四〜二・五mである。「亀郭城秘図」には、内堀の規模が「東西長七十間　巾十八間　深八尺」と記されており(図3)、一間を約一・九七m、一尺を約〇・三mとして幅と深さを換算すると、幅約三五・五m、深さ約二・四mとなることから、調

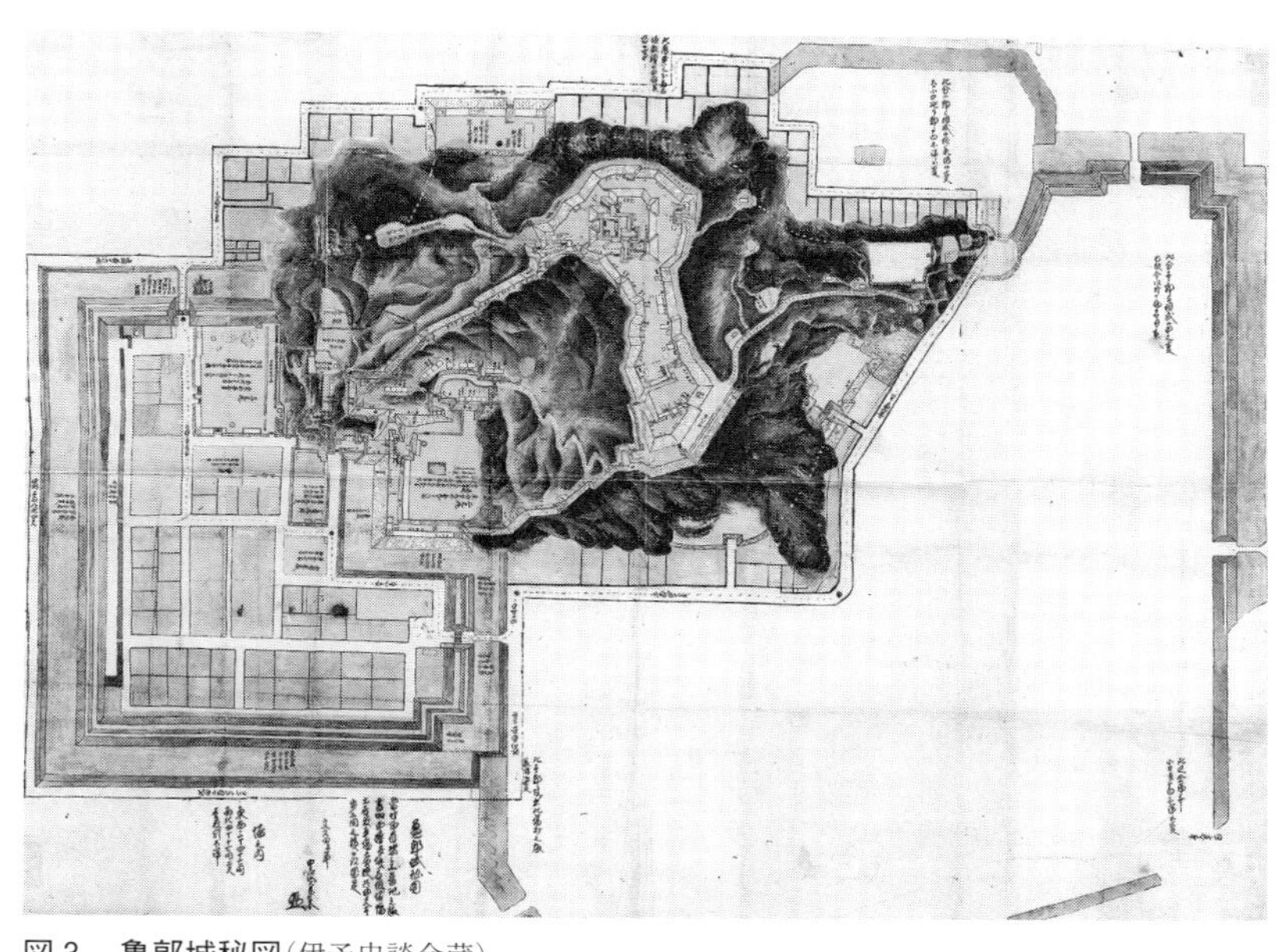

図３　亀郭城秘図(伊予史談会蔵)

査成果は概ね一致しているといえよう。二之丸石垣出角部の対岸にあたる内堀入角部は、屈折ではなく緩やかに湾曲しており、護岸石積の石の積み方や石材からこれを近代の遺構と判断したため、この手前と奥において江戸時代の石積等を捜索したが、確認できなかった(七次調査)。おそらく石積全てを改修したか、あるいは元々存在しなかったのであろう。

また、三之丸西側土塁の調査により、土塁は主に砂礫で構築されていることが分かった。詳しくは、一、三種類の砂礫を一〇～一五cmの厚さの単位で互層状に積み上げる工法である。これまでの調査により、三之丸の北東部以外の地下には砂礫層が厚く堆積していることを確認していることから、例外なくこの土塁も堀を掘った際に築かれたものであろう。また、土塁本体の一部の表面には粘質土が貼り付いていた。おそらく、砂礫が風雨等で流出しないようにコーティングした痕跡であろう。

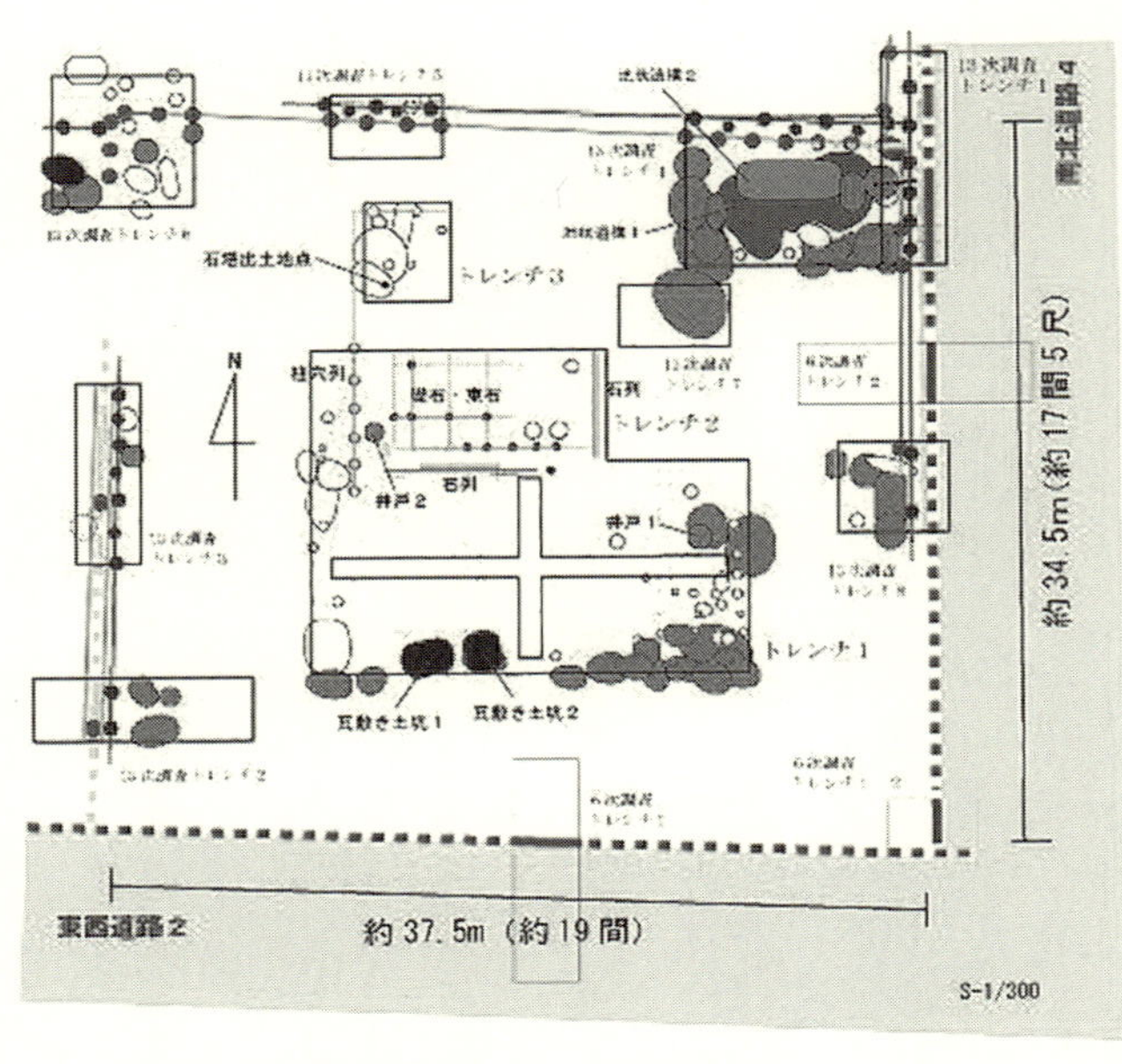

図４　三之丸北部の侍屋敷（13次・15次調査）模式図

侍屋敷

三之丸南部の県民館跡地の調査は一一画の侍屋敷地に及び、このうち二画地の敷地全体が調査された。近代以降の掘削により、建物礎石はほとんど残っていないものの、柱穴列や石組溝が一定度残っていたため、屋敷地の構造を知ることができる。報告書によると、江戸時代前期とされる柱穴列は二種類で、柱穴が大きく柱間が八尺～九尺五寸（約二・四～二・九ｍ）のものと、柱穴が小さく柱間が五尺～五尺五寸（約一・五～一・七ｍ）のものである〔愛媛県埋蔵文化財調査センター二〇〇〇〕。前者は、道路遺構に面していることから屋敷表の塀跡、後者は、これに面していないことから屋敷境の塀跡とみられる。また、幕末の屋敷境とみられる南北の石組溝が後者の柱穴列から西へ五ｍほど並行した位置にあることから、幕末以前に屋敷境が西に移動したと考えられる。これらの調査結果から、県民館跡地付近の江戸時代前期の屋敷地の規模は、ほぼ一八間（約三五・五ｍ）四方の正方形で、面積は約一二六〇㎡と推定される。三之丸北部で検出した同時期の侍屋敷地の規模が、南北長約三五ｍ、東西長約三八ｍで、面積は約一三三〇㎡であることから（十三・十五次調査）、江戸時代前期の三之丸の一般的な侍屋敷の敷地面積は、一三〇〇㎡前後ということができよう（図４）。

その三之丸北部の侍屋敷の調査では、三方を縁石と溝に囲まれた礎石建物を検出した（十三・十五次調査）。敷地全体を調査していないため、全体の規模は不明であるが、縁石の配置から四五㎡以上の床面積を有する建物と推測される。ごみ穴（廃棄土坑）が敷地中央を避けるようにして掘られていることを逆説的に捉えると、空白地にも建物が存在していた可能性がある。また、敷地の北東部と北部中央では時期の違う三基の池状遺構を検出し、さらに後者の付近から凝灰岩製の相輪と笠が出土していることから、敷地の北部は主に庭として利用されたと推測される（図４）。

写真４　三之丸跡出土陶磁器

侍屋敷の出土遺物

大半が侍町であった三之丸跡では、日常生活に関する遺物が多く出土する。その種類は、大きく分けて碗や皿などの食膳具、鍋や擂鉢など調理具、甕や壺などの貯蔵具、その他日用品としての調度具である。食膳具や調理具・貯蔵具は、主に陶磁器や木製であるが、調度具は、灯明皿などの照明具、焜炉などの暖房具、水滴などの文具、簪や笄などの装身具、碁石や植木鉢などの趣味の道具、仏飯器や御神酒徳利などの信仰や儀礼に関する道具、土人形などの玩具ほか、材質はさまざまである。また、魚や獣の骨、貝殻などの食物残滓もみられる。

陶磁器は、肥前陶磁（唐津焼・伊万里焼等）を主として、瀬戸・美濃陶磁、京焼、萩焼、備前焼、堺・明石焼など県外の焼物のほか、地元の砥部焼や西

写真５　値段の記された土瓶

岡焼が多くを占める（写真４）。そのほか、淡路の珉平焼や讃岐の源内焼や理兵衛焼、琉球の壺屋焼、清の景徳鎮窯や漳州窯系の磁器など貿易陶磁も出土しているが数は少ない。瀬戸・美濃陶磁には志野や織部などの桃山陶器もみられる。また、高麗青磁や源内焼、郡中十錦など主に鑑賞用の陶磁器も出土している。

産地の割合は、時期が新しくなるにつれ、初め単独で過半数を占めていた肥前陶磁の割合が徐々に下降する反面、瀬戸・美濃陶磁や京焼の割合がやや上昇し、江戸時代後期になると、砥部焼や西岡焼が現れて一定の割合を占めるという傾向がみられる。土器は産地を特定し難いが、おそらく在地のものが多くを占めると思われる。全体として、一七世紀と、一八世紀末から一九世紀中頃のものが多く、一八世紀のものは少ない。以下、特徴的な出土遺物について紹介する。

【値段の記された土瓶】　三次調査では、「嘉永六　丑　二月十二日　二匁六分」と墨で裏書きされた蓋をもつ土瓶が出土した（写真５）。蓋の内径は三・六cm、外径は一〇cmである。「嘉永六」とは嘉永六年（一八五三）のことで「丑」とはこの年の干支である。「二月十二日」は、おそらくこの土瓶を購入した日付と思われ、当時は旧暦であることから、現在の新暦では三月二一日にあたる。浦賀（神奈川県横須賀市）にペリー提督の黒船が来航する三ヶ月半前のことである。「二匁（もんめ）六分」は銀貨の単位で、土瓶の値段を示しているとみられる。

【俳句の刻まれた硯】　七次調査では、「花見路や蝶の飛立あと於ゆく　寛亭」と裏面に俳句が刻書された硯が出土した（写真６）。硯の大きさは、長さ一七・四cm、幅七・二cm、厚さ二・一cmである。俳句というよりも俳諧の「発句」といったほうが良いかも知れない。句を素直に捉えると、「寛亭」あるいは第三者が昼間の桜並木道で飛び立つ蝶を追いかける様を詠んだものといえるが、「花見路」を夜の花街と見ると、「蝶」も別の捉え方ができる。「寛亭」の意図はどちらなのか、解釈次第で全く意味合いが違ってくる。

　この硯には俳句の他にもさまざまな文字が刻まれており、俳句の右には「久（又カ）五郎硯石□嶽」とある。そこで、この硯が出土した侍屋敷に住んでいた戸主の履歴を調査をしたところ、幕末に荒井又五郎という一七〇石取りの馬廻役が住んでいたことが分かった。必ずしもこの人物が硯の持ち主というわけではないが、興味深い事例である。ちなみに荒井氏は藩祖松平定勝公からの譜代で、代々又五郎の名を継いだ。その内の一人は市指定文化財である北条浅海本谷の「郡境石」の原字を書いたといわれている。

写真６　俳句の刻まれた硯

写真７　両面印（「孟貫」「君仲（冲）」）

【両面印】　一三次調査地では、表裏に印面のある滑石製の印が出土した（写真7）。印の大きさは、四方約一・五cm、厚さ約〇・五cmで、形は板状である。このまま印として使用するのはやや困難であるため、おそらく木製などの柄を装着したものと思われる。両面とも朱文（陽刻）と白文（陰刻）が左右半分ずつとなっており、表面には使用時の朱が残っている。文字は篆書体で、それぞれ「孟貫」「君仲（冲）」の雅号とみられる文字が刻まれている。「孟貫」は、一〇世紀後半の中国の王朝である後周に同名の詩人が存在することから、本人の雅号ではない可能性がある。「君仲（冲）」については不明

写真８　三之丸御殿跡の南西隅

である。

三之丸御殿と役所

御殿とは、政庁と藩主の住居を兼ねた施設である。築城当初は二之丸にあったが、貞享四年(一六八七)に三之丸の北部に移した。

近代以降の削平や造成のため、遺構検出面は地下約三・五ｍと深い。南西隅の櫓台石垣と御殿周囲の側溝を検出したが、石垣は一段しか残存していなかった(一六次調査、写真８)。御殿周囲の側溝は他の側溝よりも幅が広く、特に大きな花崗岩が使用されており、表面が平滑になるようノミで丁寧に調整されていた。「松山城下図屏風」にも、三之丸御殿が石垣と溝によって囲まれ、石垣上に櫓が建てられている様子が描かれている。

調査で確認した御殿の規模及び形は、南辺長約一四六ｍ、西辺長約一〇四ｍで、南東部が東へ突出するＬ字形である。「亀郭城秘図」と「三之丸御殿惣絵図」には、三之丸御殿の寸法が記されている。前者には、「東西五十四間　南北七十五間　歩数三千五百七十八歩」と記されており、これを現在の単位に換算すると、東西(南辺)長約一〇六・四ｍ、南北(西辺)長約一四七・七ｍ、面積約一万三八七九㎡となる。後者には、それぞれの辺に「南側七十七間六尺辻番所迄」「西側南北五十六間五尺」「北側東西五十八間」「東側南北五十九間」と記されており、これを換算すると、南辺長約一五三・四ｍ、西辺長約一一一・八ｍ、北辺長約一一四・二ｍ、東辺長約一一六・二ｍとなる。いずれも調査結果とは異なっているが、「亀郭城秘図」の南北長と東西長の数値を逆にすると、近い値となる。記載の際に錯誤したものであろうか。

調査により、小普請所と御用米蔵の範囲もほぼ明らかとなった。小普請所は、南北長約八二・四m、東西長約六三m、御用米蔵は、南北長約五五m、東西長約六三mで、これも「亀郭城秘図」の記載値と概ね整合する。

また、御殿跡とその周辺から星梅鉢紋の鬼瓦や軒丸瓦、飾金具、御用米蔵跡の周辺から星梅鉢紋と三葉葵紋の軒丸瓦が出土している（写真9）。星梅鉢紋は久松家の家紋で、祖先とされる菅原道真に由来するといわれ、享和二年（一八〇二）に使用を制限し、天保五年（一八三四）に三葉葵紋を全面的に使用できるようになってからは使用を止めている。三葉葵紋は、藩祖定勝が徳川家康から賜っていたが、天明五年（一七八五）に田安宗武の子息である九代定国に田安家からあらためて贈られ、衣服に限り使用が許された。天保五年には幕府から全面的に使用の許可が下りた。これらのことから、星梅鉢紋をもつ遺物は天保五年より前、三葉葵紋をもつ遺物はそれ以後に製作されたものと考えられる。三葉葵紋軒丸瓦は、葉脈の数や形状、焼成の品質からも、江戸時代後期のものである可能性が高い。

写真9　家紋瓦（上：星梅鉢紋、下：三葉葵紋）

黒門

三之丸と二之丸を繋ぐ複数の門のうち、最も三之丸側にあるのが黒門である。芸予地震により膨らんだ石垣を修理するために確認調査を行った。調査により、門の両側の櫓台石垣には土塀しか造られていなかったこと、石垣が現地表より地下に約二・五m続いており、築城時は高さ六mを有していたことが分かった。いずれの絵図にも黒門が櫓門として描かれているものは無い。おそらく、初めは櫓門を造ろうとしたが中止した、あるいは有事の際に備えて即時櫓門を造ることができるようにしたのであろう。

また、その後の解体修理に伴う調査の際、貴重な遺物が出土した。地蔵の絵と文字が墨書された栗石である（写真10）。栗石は、三角おむすび形の幅七・三cm、高さ七・七cm、厚さ四・二cmで、両面に地蔵菩薩と思しき絵、側面一面に「地蔵」の文字が墨書されている。全国でも類例はなく、唯一のものである。石垣普請の安全祈願のためのものとみられる。

第四節　発掘調査から見た本丸跡

中ノ門

中ノ門とは、本丸太鼓櫓の西側下にあったとされる門のことである。さまざまな絵図に描かれていることから、その存在はほぼ明らかであったが、明治時代以降に解体（破壊）され、その位置や表裏、門形式ともに不明であった。また通説では、築城者である加藤嘉明の設けた城守の戦略のうちの「囮の門」または「誘いの門」として語られており、表は南側ということになっていた。

しかし、調査により四基の礎石と布石の抜跡を確認し、鏡柱と側柱とを据える長方形の礎石が北側にあること、ま

写真10　墨書栗石

写真11　中ノ門跡（北から撮影）

た布石の抜跡がこの礎石の間にあることから、表は北側であるということが判明した（写真11）。また、礎石の数や城内での位置関係から、門形式は戸無門や紫竹門と同じ高麗門形式で、大きさは幅約三二〇㎝、奥行約二一〇㎝となることが分かった。礎石は長方形（約五〇㎝×約七〇～九〇㎝）と正方形（一辺約五〇㎝）があり、石材は花崗岩である。「亀郭城秘図」には中ノ門が描かれ、これを境に本丸の内外が色濃淡で塗り分けられており、中ノ門の南側が本丸内側となっている。つまり表が北側であることを示しているのである。

これらのことから、中ノ門は、二之丸から北登り石垣上部を経由する城道の通用門であったと考えられる。また、礎石の掘り方から築城期のものではない瓦が出土していることから、同門は江戸時代の途中に建てられた、あるいは改修された可能性がある。調査では改修前の中ノ門の姿は分からなかった。築城当初に「阤の門」であった可能性は決して否定できないのである。

鍛冶と石垣改修

待合番所では、鍛冶に関係する遺構と遺物を確認した（六次調査）。調査面積は僅かながら同遺構は四基あり、このうち三基は一ｍ弱の楕円形である。いずれも炭化物とともに鉄滓や炉壁、羽口、鍛造剝片が出土した。鍛冶炉であれば、遺構の内壁が被熱し変性がみられるが、そのような痕跡がないことから、鍛冶遺物の廃棄土坑と考える。これら

写真12　本壇西面の石垣修理の境

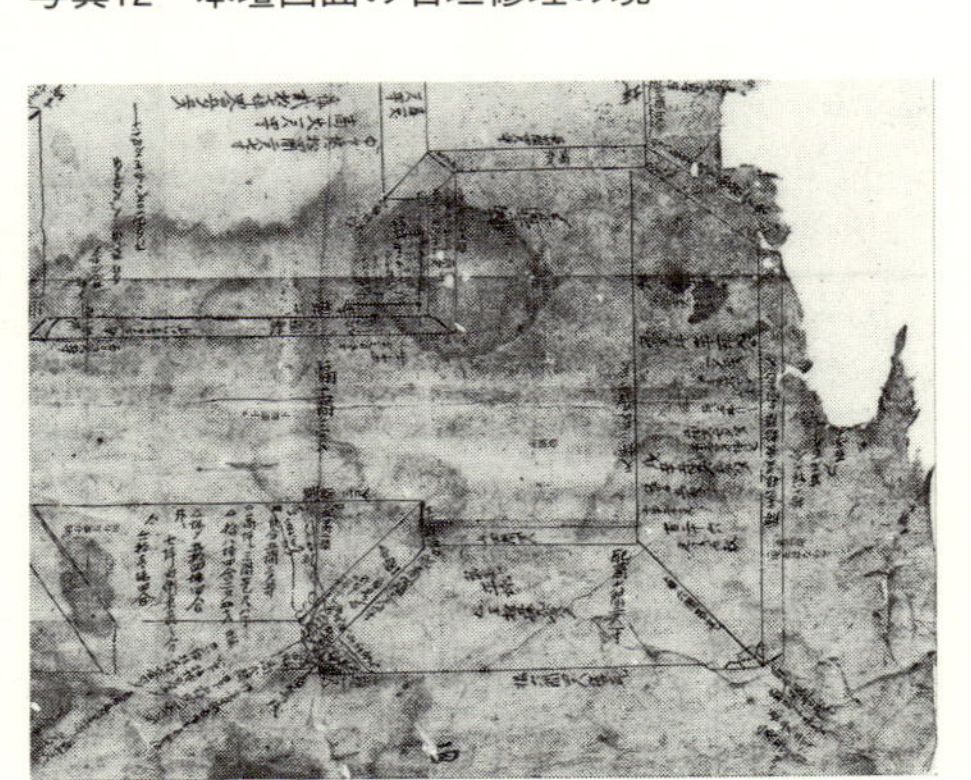

図５　松山城本壇石垣修理計画図（部分）
（『松山市史料集』第13巻付図より）

の遺構群を覆う整地層からは一八世紀後半の波佐見焼が出土し、この整地層と同じ土と炭化物が石垣改修に伴う掘り方の中に入っていたことから、積極的な解釈をすれば、廃棄土坑の鍛冶遺物は、整地層を敷く直前に捨てられたものの可能性、つまり、一八世紀後半以降に行われた石垣改修に伴う鍛冶行為の傍証といえよう。石垣改修に伴う工具などのメンテナンスを行っていたのかも知れない。

本壇石垣の改修

本壇（天守曲輪）の西面石垣には、石垣改修の境が上部中央から右下に向かって明瞭に残っている（写真12）。幕末頃のものと考えられている「松山城本壇石垣修理計画図」には、改修計画線がこの境と同じ箇所に描かれている（図５）。図では、南隅櫓台石垣の修理計画範囲が示され、その方法と寸法が記述されている。図中の櫓台石垣の南（右）には、「腰巻根置長拾間高壱丈」（＝腰巻〔石垣〕は根〔石〕を置いて、長さ約一九・七m、高さ約三m）との記述があり、腰巻石垣が大幅に取り除かれることとなっている。

この腰巻石垣は、南櫓台石垣の裾を補強するための石垣で、「松山城下町宝暦図」にも描かれていることから、一八世紀中頃には既に存在していたと考えられている。調査では、この石垣をまさに根石のみを残した状態で検出した。先の本壇西面の改修痕跡と併せて考えると、この図に示された石垣改修はほぼ計画通り実行されたとみられる。また、根石は地山ではなく盛土の上に置かれており、さらに、南隅櫓台石垣自体も南半分は盛土の上に築かれていた。以前から、本壇の南西側は谷部を埋め立てて造成されたため地盤が弱く、上下両段にある腰巻石垣は、これらを補強するためのものと考えられていたが、その存在意義はさらに強くなった。

さらに天守上段広場では、解体された桝形池の石積の一部を検出し、この解体の場所と掘削の角度が、本壇西面石垣に表れている改修ラインと対になることが分かった（六次調査）。このことから、桝形池は南隅櫓台石垣改修に伴い解体された可能性が高くなった。改修後、桝形池は再築されていない。ここまで大規模な解体修理となると、やはり嘉永五年（一八五二）に完成した天守再建時のものと考えるのが妥当であるが、後年に作成された「亀郭城秘図」には、天守広場南西隅に枡形の池が描かれている。絵図が間違っているのであろうか、それともこの後に新たな解体修理が行われたのであろうか。

写真13　旧本壇の栗石（西から撮影）

旧本壇（旧天守曲輪）と瓦

近年、本丸跡防災設備の改修工事に際して、旧本壇（旧天守曲輪）のものと思われる遺構を発見した（写真13）。

遺構は、現天守の北から東にかけてライン状に検出された

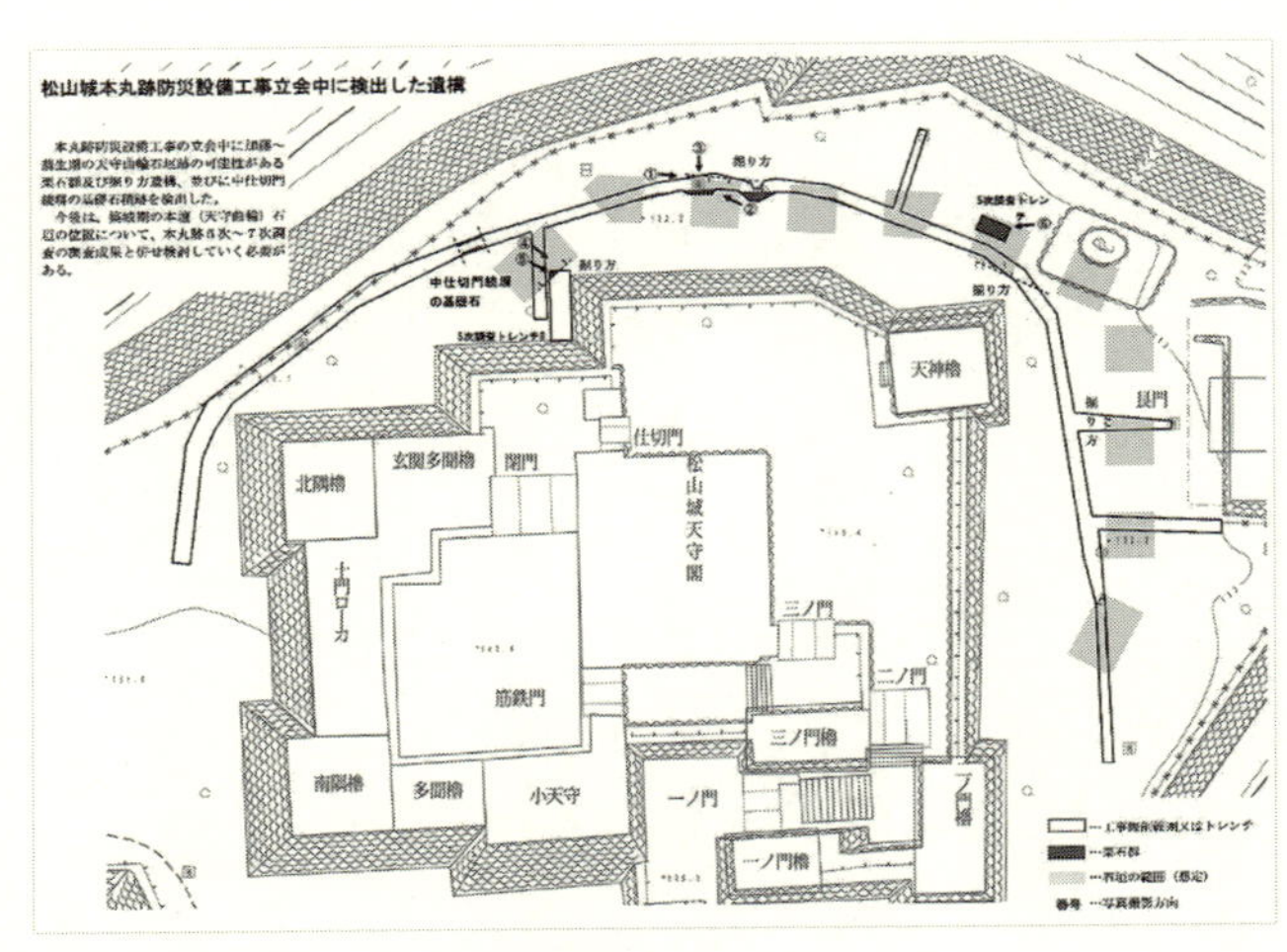

図6　栗石の範囲と旧本壇石垣予想図

写真14　滴水瓦（本丸北東裾出土）

栗石群と掘り方である。栗石群は石垣の裏込石で、掘り方は裏込石と石垣の根石を設置するための根切りの跡とみられることから、本来は根石も同レベルにあったと考えられる。栗石群の検出箇所から、旧本壇は鈍角が連続する多角形状で、全体的に現本壇よりやや北東寄りに位置すると推測される。やはり現本壇の南西が元は谷地であったからであろう（図6）。

旧本壇の遺構だと判断する前に実施した調査においても栗石群が検出されており、この上層から滴水瓦片が二点出土している（五次調査）。滴水瓦は、伊予松山城全体で四点しか出土しておらず、その全てが本丸の北東部に限られている（写真14）。滴水瓦とは、瓦当面が逆三角形に垂れ下がった軒平瓦のことで、日本で広く用いられるようになったのは、一六世紀末の文禄・慶長の役に参戦した大名たちが、帰還後に領地で城を作る際に使用したのが契機とされている。加藤嘉明も船手衆（水軍）として文禄・慶長の役に参戦していることから、滴水瓦は加藤期のものである可能性があるが、中央に記された「三頭波紋」は、加藤氏の家紋ではない。このため、後の代に作られたか、防火を祈願したものである可能性がある。

また、滴水瓦と同様、加藤期とみられる遺物にコビキAの軒丸瓦がある。コビキAとは、原料の粘土から瓦一枚分の量を切り離す過程において、糸を使用したときに残る斜め方向の糸切り痕跡のことである。一方、コビキBとは、切り離しに鉄線工具を使用したときに残る横方向の砂粒の移動痕跡のことで、全国的には一六世紀末にAからBへ転換するといわれている〔小谷二〇一七〕。築城が始まったのは慶長七年（一六〇二）であるため、コビキAの出土は、伊予松山ではコビキBへの転換が少し遅いことを表しているといえる。しかし、伊予松山城は、嘉明の前の居城である伊予正木城や近くの湯築城から建材を運搬して築城されたと伝えられることから、コビキAの瓦もこれらの城から運ばれてきた可能性が否めない。今後は湯築城跡から出土した、また伊予正木城跡から今後出土するであろうコビキAの瓦との比較検討が必要であろう。

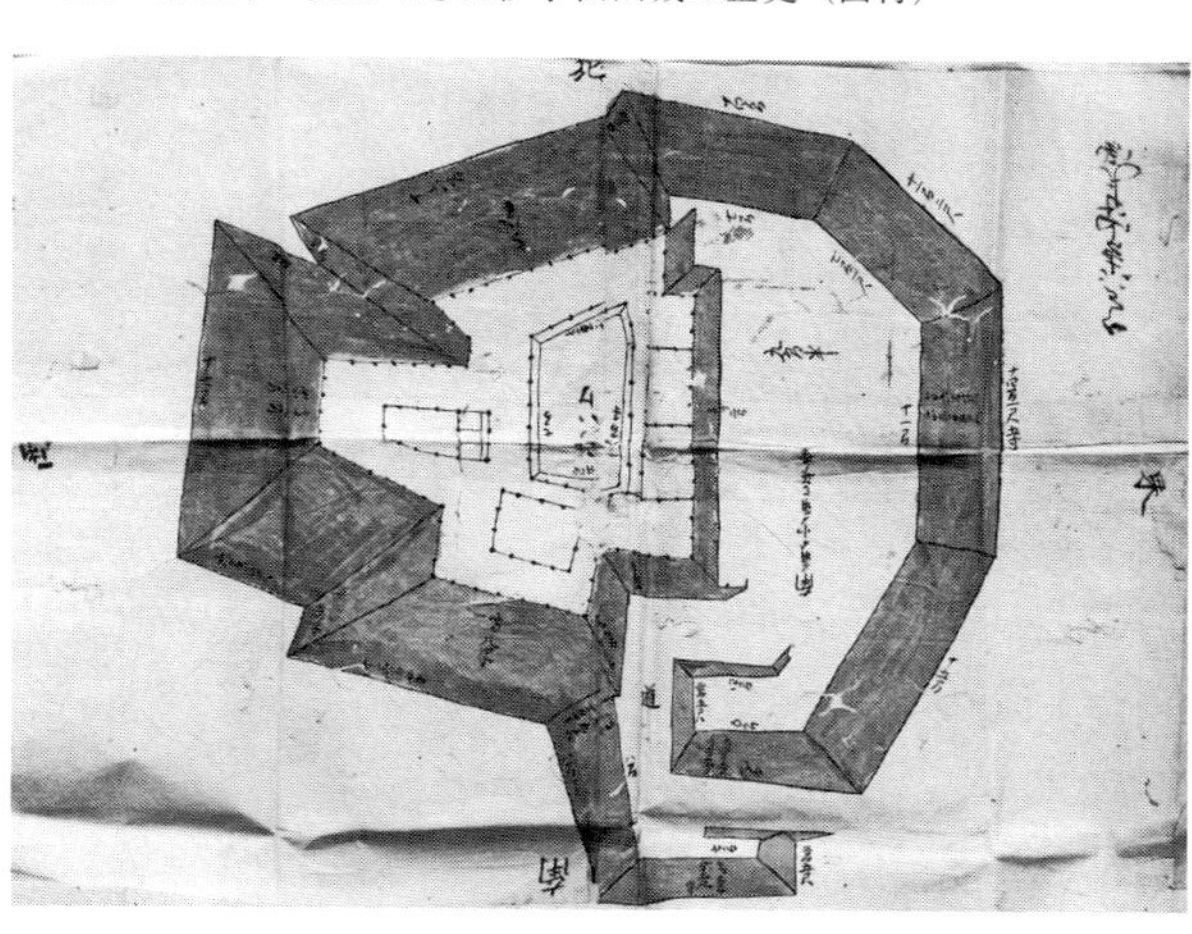
図７　与州松山本丸図（甲賀市教育委員会提供）

現在、旧本壇が描かれた絵図は四枚確認されている。いずれも多角形の曲輪で、現本壇とは形が異なっている。また、曲輪内に天守は描かれていない。このうち、旧本壇単独の図である「与州松山本丸図」には、石垣面それぞれの寸法が記されており、この数値を検討した結果、旧本壇は現本壇よりも高く、勾配が緩いものであるとの見解がある（図７）〔宮尾二〇一五〕。現本壇の外側に旧本壇の痕跡が検出されても不思議ではない。

幻の五重天守

果たして、旧本壇（旧天守曲輪）の上にはどのような天守が建っていただろうか、いや、そもそも存在していたのだろうか。

「足立家記」には、「慶長十年六月、五層のお天守雲にそびへ、着見のお櫓をはじめ、御門、御櫓などけっこう目をおどろかす」という、天守が完成したことを示す一文があるといわれているが、「足立家記」自体が所在が不明である（柳原一九六六）。また、「垂憲録拾遺」などは、寛永一九年（一六四二）に五重天守を三重に改築したとの内容が記されているが、全て江戸中期以降の編纂物である（伊予史談会一九八六）。蒲生期の城絵図と城下町絵図には、天守はどこにも描かれていない。

考古学的な観察では、現在の本壇石垣は全て久松松平氏入封後のもので、特に天守台は江戸時代後期のものと考えられている（楠二〇〇九）。おそらく、旧本壇は寛永一九年の改築の際に全て解体されたか、この解体に加えて嘉永五年（一八五二）の再建の際に残りも全て解体されたのであろう。現本壇の北東で見つかった旧本壇の遺構がそれを裏付けている。寛永期の改築は天守の改修ではなく、本壇全体の新築であったといえよう。したがって、文献に残された五重天守を三重に改修したとの記述は、後の編纂物であることも含めて錯誤または脚色されている可能性が否めない。

以上のことからすると、五重天守の存在が幻のように見えるが、最近では蒲生忠知築造説も出てくるなど、必ずしもその可能性が無くなったわけではない（藤田二〇一六）。「予陽郡郷俚諺集」には、「慶長十九年十月廿五日、大地震して温泉元の如し、又、寛永二年三月十八日、地震して温泉没して出てす」という一文があり、加藤期に道後温泉の湯が止まるほどの大きな地震が二回あったことが記されている（伊予史談会編一九八七）。ここには伊予松山城のことは何も記されていないが、この時に五重天守が破損し、それを契機として蒲生忠知入封前に解体された可能性が考えられはしないだろうか。

おわりに

ここまで、伊予松山城の発掘調査の成果とその解釈について述べてきた。

冒頭で示したとおり、松山市は、伊予松山城の発掘調査を幾度も実施しているにもかかわらず、報告書を刊行していない。しかし、伊予松山城のこれまでの史跡整備は、報告書ではなく、生半可、良く言えば新鮮な発掘調査情報に基づいて実施されてきた。したがって、今後、報告書を刊行していくなかで整備の内容と異なる解釈が生じる可能性もあるだろう。この場合、整備内容の修正が必要となるのであるが、一度ついてしまったイメージを更新するのは、なかなか困難な作業であろうと思う。本章で紹介した内容もほんの一部であるが、また然りである。

一方、伊予松山城の評価について再考しようという動きがある。伊予史談会の例会では伊予松山城関係の題材となると、いつもより多くの人が集まるようである。世間での関心も高まっていると言わざるを得ない。

いずれにせよ、これまで溜めてきた膨大な情報を公開し、多くの人々が活用できるようにすることが第一歩である。

第六章　宇和島城下絵図屏風の歴史的考察

井上　淳

宇和島城下絵図屏風（第４扇、第５扇）

はじめに

宇和島城は板島丸串城と呼ばれ、中世からの歴史をもつが、近世城郭として整備されたのは、文禄四年(一五九五)に宇和郡の内に七万石が与えられて入部した藤堂高虎の時代である。海に面した宇和島城は、南予支配の拠点であると同時に、豊臣秀吉が進める朝鮮出兵(慶長の役)を後方から支える軍備拠点として、慶長元年(一五九六)から六年頃にかけて急速に整備が進められ近世城郭化した。その後、宇和島城には慶長一九年に伊達政宗の長子秀宗が宇和郡一〇万石を与えられ翌年に入部、この頃に地名が板島から宇和島と改められる。二代藩主宗利の治政である寛文年間に、天守をはじめ城郭の大部分に改修が加えられるが、その大改修後の宇和島城の姿を具体的に知ることができる絵画史料が「宇和島城下絵図屏風」(宇和島市立伊達博物館蔵)である。

屏風は六曲一隻で、縦一三〇・三cm、横二四四・三cm。襖の引き手の痕跡が三カ所残されていることから、当初は襖に仕立てられていたものと考えられている。122頁・123頁に屏風全体の画像を図1として示したが、宇和島城下を西側上空から見下ろす視点で描いている。左側には小高い山に築かれた宇和島城があり、海と内堀で囲まれた五角形の特徴的な姿を正確に捉えている。折れ曲がった内堀に沿って武家屋敷が整然と並び、手前側の海に突き出すように浜御殿が見える。

なお、「宇和島城下絵図屏風」については、内田九州男氏による先行研究がある〔内田二〇〇二〕。本章ではその研究成果に学びながらも、見解を異にしている点として、景観年代、制作年代についての私見を提示するとともに、屏風に描かれた宇和島城をはじめ、浜御殿・武家屋敷などの城下の描写について検討を加える。そして、最後に発注者と絵師についても考察する。

第一節　景観年代、制作年代の検討

「宇和島城下絵図屛風」を初めて紹介した文章としては、昭和五八年(一九八三)一月一五日付の「日刊新愛媛」の記事がある。宇和島城と城下を描いた屛風の発見を伝えたもので、そこに名古屋工業大学教授であった内藤昌氏の研究室による鑑定として、絵の中では浜御殿が出来ており、しかも城の西側の海岸線に石垣が見当たらないことから、描かれた年代は延宝四年(一六七六)から元禄一六年(一七〇三)年までとする見解が示されている。この見解は屛風の景観年代の大枠として現在も受け入れられているため、下限となる元禄一六年が導き出された根拠とされている宇和島城の西側海岸線に石垣がないという点について最初に取り上げる。

屛風の西海岸線の描写を見ると確かに石垣は築かれておらず、岩が転がっている状況になっている。それに対して、元禄一六年の年紀が入った「宇和島御城下屋敷割絵図」では、海岸線に石垣が築かれていることを確認できる。この二つの史料は、内藤氏の見解に裏付けを与えているように見えるが、ここで最も景観年代が古い「宇和島城下絵図」(伊予史談会蔵)ついてあわせて検討したい。「宇和島城下絵図」は、宇和島藩主伊達家に伝わった絵図を戦前に伊予史談会が筆写したものと思われるが、現在は原図の所在が不明になっていたため、筆写とはいえ貴重な史料といえる。

図2は「宇和島城下絵図」の堀之内部分を掲載している。海と内堀に囲まれた五角形をした堀之内中央に城山があり、城山頂上部の南東寄りに天守が描かれている。天守は自然の岩山の上にあり、その建物は様々な突出部をもつ複雑な形状をしている。現存の伊達宗利創建の天守が白壁であるのに対して、絵図の天守には各階の下側に縦縞が入れ

図1　宇和島城下絵図屏風

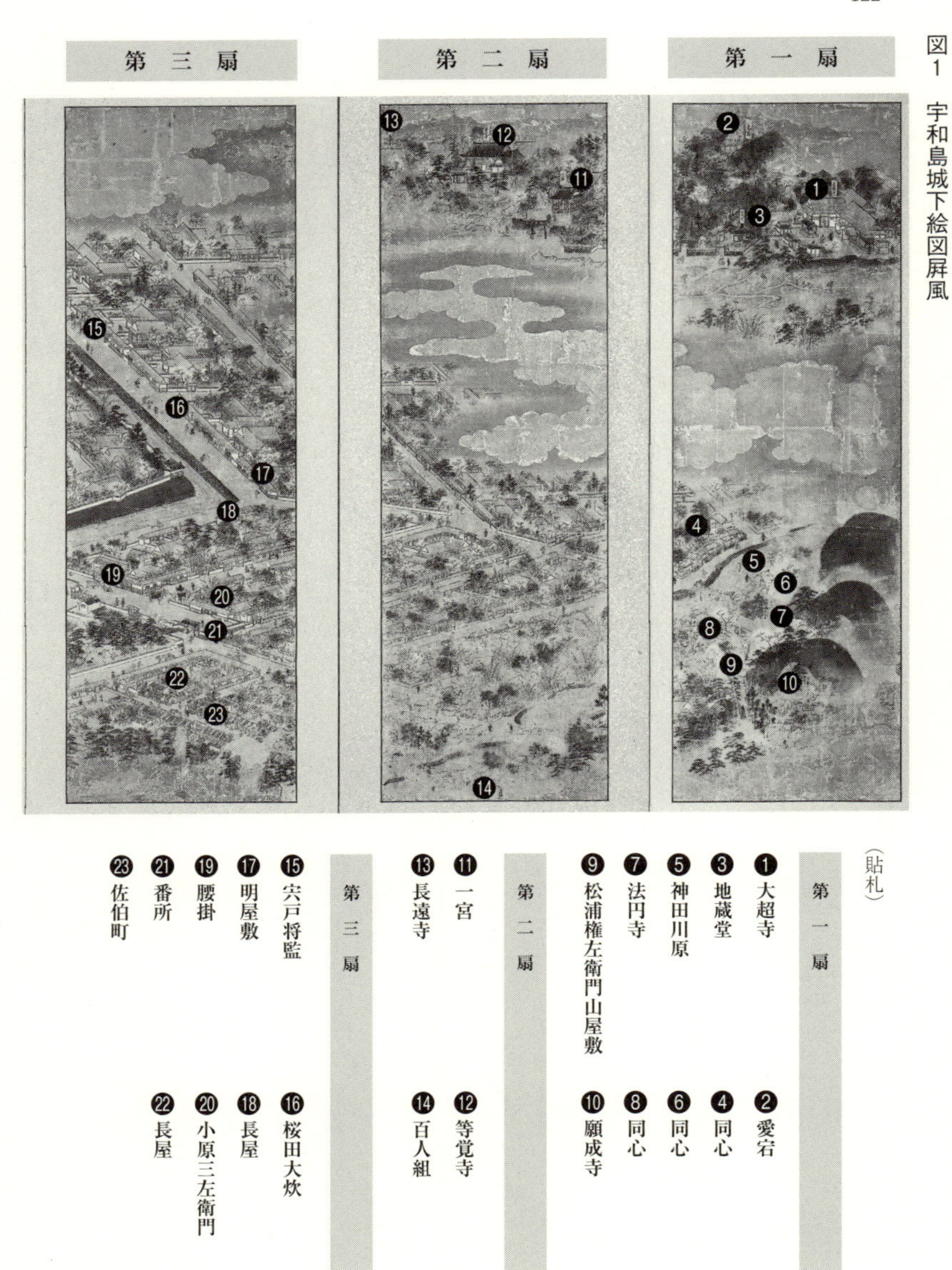

（貼札）

第一扇

❶大超寺　❷愛宕
❸地蔵堂　❹同心
❺神田川原　❻同心
❼法円寺　❽同心
❾松浦権左衛門山屋敷　❿願成寺

第二扇

⓫一宮　⓬等覚寺
⓭長遠寺　⓮百人組

第三扇

⓯宍戸将監　⓰桜田大炊
⓱明屋敷　⓲長屋
⓳腰掛　⓴小原三左衛門
㉑番所　㉒長屋
㉓佐伯町

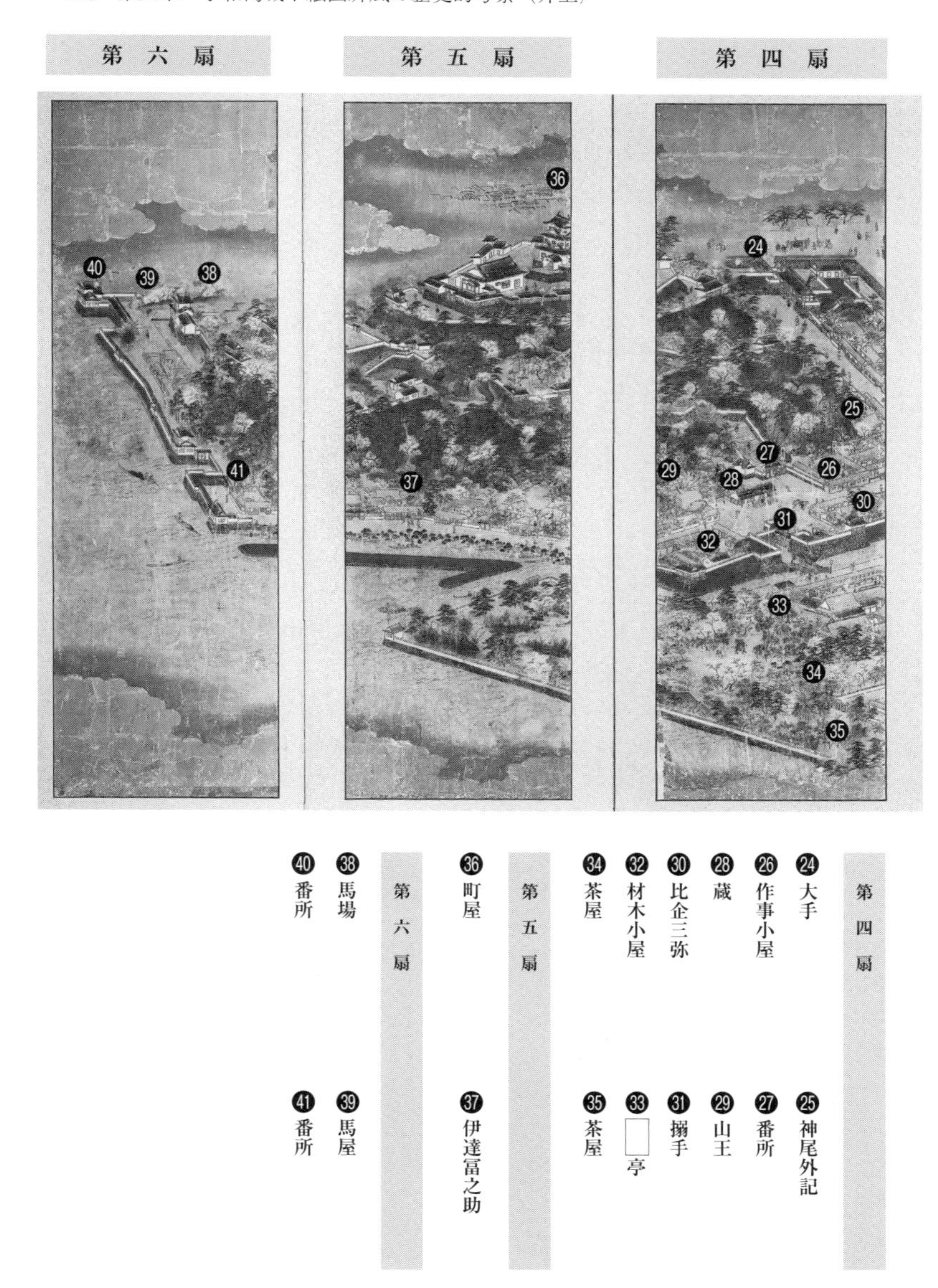
第六扇
第五扇
第四扇
第四扇
㉔大手
㉕神尾外記
㉖作事小屋
㉗番所
㉘蔵
㉙山王
㉚比企三弥
㉛搦手
㉜材木小屋
㉝□亭
㉞茶屋
㉟茶屋
第五扇
㊱町屋
㊲伊達冨之助
第六扇
㊳馬場
㊴馬屋
㊵番所
㊶番所

図２　「宇和島城下絵図」（堀之内部分）　右上（西側）の海岸線に石垣が見える。

られているが、それは上部が白漆喰、下部が黒板で覆われた下見板張りを表現したものと見なせる。これらの特徴から判断すると、絵図に描かれている天守は、現存する伊達宗利創建のものではなく、藤堂高虎時代に建てられたものということになる。つまり、「宇和島城下絵図」は、寛文年間の伊達宗利による宇和島改修以前の状況が描かれていることは明らかであるが、さらに武家屋敷に記された藩士の名前を検討する中で、承応三年（一六五四）頃という景観年代が示されている〔井上二〇一〇〕。そして、この「宇和島城下絵図」における西側海岸線を確認すると石垣が整然と並んでおり、元禄一六年よりも約五〇年近く前の絵図に西海岸線の石垣が既に描かれていたことになる。

それではなぜ西側海岸線の石垣が屏風には描かれていないのかという問題が残るが、その点については元禄一二年二月二七日付で、宇和島藩が幕府に対して城郭の普請工事を願い出た際に作成された「宇

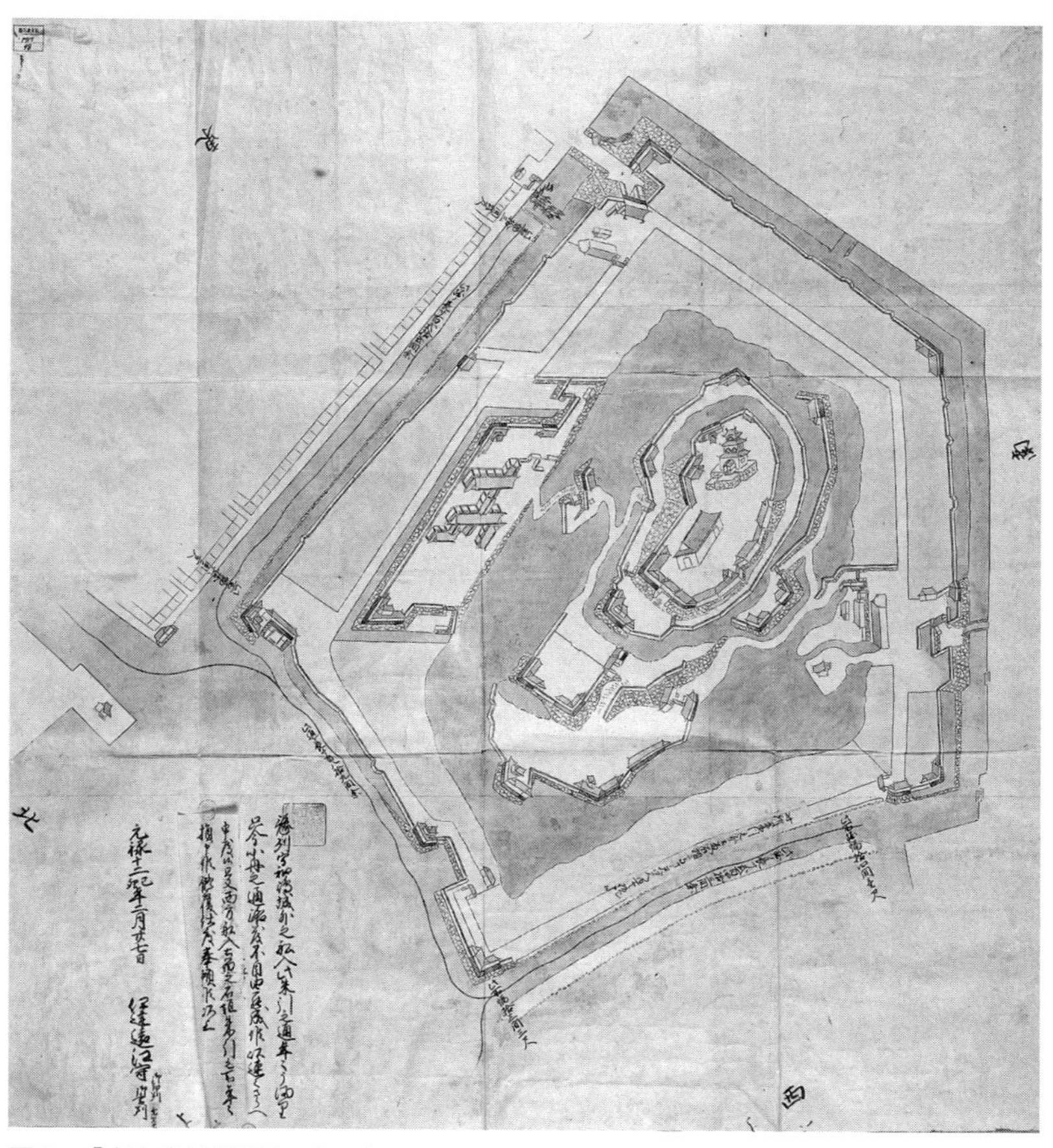

図3　「宇和島城郭図」　右下（西側）の海岸線部分には、「此所朱引之外土留石垣高サ三尺四尺ノ内所々損申候」との記載がある。

和島城郭図」（愛媛県立図書館蔵。図3）が参考となる。この絵図は堀之内部分を描いているが、海に面した西側及び北側と、内堀となった東側に朱線が廻らされている。絵図の左下には宇和島藩が願い出た内容が記されており、そこには「豫州宇和嶋城外之舩入、此朱引之通年々うまり、／只今小舟之通路も不自由罷成候、以速くさらへ／申度候、且又西方舩入土留之石垣朱引之所年々／損申候、修覆仕度奉願候」とある。

　宇和島城は海城だけに周囲を様々な船が行き交って

いたが、朱線の部分が年々埋まっていき、小舟の通行にも支障が出るようになっている。また、西側の土留石垣についても破損が相次ぎ、船入としての機能が果たせなくなりつつある。そこで、朱線部分の土を浚える工事と西側海岸線の土留石垣の修復工事について、合わせて幕府に願い出ているのである。この宇和島藩の願書は認可されたことが宇和島藩の記録「御年譜微考」で確認できるので、間もなく土留石垣の修復工事が行われたものと考えられる。つまり、西側の土留石垣は古くからあったが、元禄一二年頃までに年々壊れてきており、その状況を屏風が描いている可能性を指摘できる。

次に屏風の景観年代を絞り込む作業として、屏風に付けられた人名の貼札に注目する。人名貼札は、松浦権左衛門・宍戸将監・桜田大炊・小原三左衛門・神尾外記・比企三弥・伊達冨之助の七人分あり、内田氏は内藤氏により示された大枠の年代の中でこれらの人物が揃って登場する時期を検出しようと試みている。

その結果として内田氏は、屏風の景年代を元禄六年八月から元禄八年一二月までに比定している。この期間について、七人のうち四人の藩士の名前は屏風と一致しているが、宍戸将監については景観年代より新しい時期の当主名、神尾外記については景観年代よりも古い時期の当主名が貼札されていると判断している。そして、最後に残された堀之内西側の海岸寄りの屋敷地に貼札が付されている伊達冨之助について詳しく検討している。伊達冨之助は元禄六年六月五日に二代藩主伊達宗利の五男として生まれている。同年八月二六日に惣右衛門(別の記録では勘左衛門)方に移ったことが記録されている。惣右衛門の屋敷の位置は不明であるが、貼札の場所にあった可能性があることから、内田氏は屏風の景観年代を元禄六年八月二六日まで引き上げている。その後、冨之助は宝永元年(一七〇四)一二月に堀之内に引っ越したという記録があるが、屏風の下限の年代は、内藤氏が提示した大枠では元禄一六年であることから、この貼札の位置に移動したのだとすると、貼札の作成時期は宝永元年まで下る可能性を指摘している。

以上、屏風の景観年代に関わる内田氏の見解を紹介したが、景観年代と貼札の藩士の当主名が一致していないにもかかわらず、景観年代が導き出されていることが気にかかる。そこで、ここでは内藤氏が提示した大枠の年代から離れて、これらの藩士が矛盾なく揃っていた時期がないのか、改めて検討を行う。

まず、最も情報量が多い伊達富之助についてその生涯を辿ってみよう。元禄六年六月五日に生まれた富之助は、その約三カ月後の八月二六日に武田惣左衛門方に移っている。内田氏は屏風に貼札がされた屋敷に移った可能性があるとしているが、これは養育のために移ったということで、赤子の富之助が養育に当たる藩士の名前を押しのけて貼紙される可能性は低いように思われる。宝永元年九月二四日、富之助が数えで一二歳の時に初代藩主伊達秀宗の七男刑部が亡くなり、その直後の一〇月一五日に富之助は刑部の家督を継ぐことになり、一〇〇〇石の知行が与えられている。同年一二月には堀之内に引っ越しているが、これは家督相続を終えて、富之助が刑部の屋敷であった貼札の場所に正式に移ったことを現している。しかし、富之助はそれからわずか二年半余り後の宝永四年六月二四日に病没する。

富之助が亡くなった後については、家督相続者がいないため、七月一六日に霊性院に扶持方三〇人分が与えられていることが宇和島藩の記録から確認できる。この霊性院は伊達刑部の正室で、そのままこの貼札の屋敷にとどまっていたものと思われる。実際に「宇和島御城下屋敷割絵図」には、貼札の場所に「霊照院」として名前が記されている。この絵図は、「元禄十六年宇和島御城下屋敷割絵図、屋敷替新屋敷名改等改之差上」とあり、元禄一六年以降の屋敷替えを反映して作成されたもので、富之助が亡くなった直後の宝永初期の屋敷割が示されているものと考えられる。

その後宝永四年一〇月四日に起きた宝永地震により、海に面していた霊性院の屋敷は津波で被災し、一〇月二一日に霊性院には別の場所に屋敷地が与えられている。これらのことから、貼札の武家屋敷は伊達刑部の屋敷であり、富之助は家督相続して移り住んだものと考えられ、そこにいたのは引っ越しをした宝永元年一二月から亡くなる同四年六月までに絞られることになる。

そのことを前提に残り六人について、貼札に記された当主名のまま揃って存在する時期があるのかを検討する。六人のうち、松浦権左衛門・小原三左衛門・比企三弥については、その前後の長い期間、名前を変えていないので問題がない。宍戸将監は、元禄一四年に織部から改名、亡くなる享保七年(一七二二)まで将監を名乗っていることから、冨之助の貼札の時期と矛盾は生じない。桜田大炊については、先代の大炊が元禄八年に隠居、亀六が家督相続しているが、この亀六は元禄一〇年一一月一五日に大炊と改名、そしてさらに宝永三年九月二三日に監物と改名している。したがって、桜田大炊の貼札は、冨之助の貼札の時期と矛盾が生じないことになる。最後の神尾外記については、万治元年(一六五八)に家督相続、元禄一四年一一月二四日に神尾主水から外記に改名したという記録がある。その後宝永三年九月二〇日になり、神尾外記は勘解由と改名している。桜田大炊とほぼ同時期の改名であり、同様に冨之助の貼札の時期と矛盾しない。屏風の人名貼札を検討すると、伊達冨之助が堀之内に引っ越した宝永元年一二月から、桜田大炊と神尾外記が改名した宝永三年九月までが、そのままの人名で揃っている時期ということになる。

なお、貼札は絵の完成段階に発注者の意志により付されたものとすると、この宝永元年から三年という時期は、屏風の景観年代というよりもむしろ制作年代を示しているものと考えられる。一方、景観年代については、発注者との打ち合わせをはじめ、現地の地図情報を集めたり、主要な建物をスケッチしたりするなど、事前の準備に時間を要することから、制作年代よりもさかのぼる可能性が高い。西側の海岸線の情報は元禄一二年以前の情報になっていることから考えると、元禄一二年以前から襖絵の準備が始まり、宝永元年から三年までに完成という流れが想定できる。したがって、屏風に描かれているのは元禄終わり頃の宇和島の姿と見なせる。

第二節　宇和島城下絵図屛風を読み解く―城郭・浜御殿・武家屋敷―

「宇和島城下絵図屛風」は元禄終わり頃の宇和島城下を描いているという前提に立ち、その描写について考察を加える。まずは、城山の山頂、本丸部分の描写を見ていく（図4）。藤堂高虎が建てた天守が、黒の下見板張りを巡らせているのに対して、屛風に描かれた天守は白漆喰を惣塗り籠めにしている。正面最上層の屋根に大きな唐破風、二層の屋根に大きな千鳥破風、一層屋根は二つの千鳥破風が付き、一層の入口には大きな唐破風の屋根が付いた式台付の玄関がある。伊達宗利が建てた現存天守の姿が忠実に表現されている。

宇和島城に設けられた諸施設については、「御城所々御矢倉幷間数覚」（以下、「間数覚」）に大きさや構造が記されている。以下それを参考にしながら天守以外の本丸にある建物を紹介する。天守の左側に大きな平屋の建物が見えるのが御台所である。御台所は五間（一〇m）×九間（一八m）で、北側には一間（二m）張り出して庇が付いていた。外見は平屋建てに見えるが、「間数覚」によると内部に二階があったことが分かる。御台所の上側にあるのが御弓櫓で、奥行きが二間（四m）、横側は折れ曲がりながら一〇間（二〇m）とある。そのうちの一部が二階建てで、二階部分が二間（四m）四方と記されている。

御台所の左側、本丸への入口には、三間（六m）×九間半（一九m）の櫛形門櫓が描かれている。そのうち門になっている部分は、梁間が二間（四m）で、その門の上に二間（四m）×二間半（五m）の二階部分が載る構造になっている。二階部分には左右に半円形の櫛形窓が付いているが、櫛形門の名称はこの窓の形に由来するものと考えられる。櫛形櫓に東北側で接続しているのが北角櫓で、二間（四m）×三間（六m）の平屋建てになっている。一方櫛形櫓の南西側には、

図４　本丸付近　中央に３層の天守、その左に御台所が描かれている。

二間（四ｍ）×七間（一四ｍ）の南角櫓、二間半（五ｍ）×八間（一六ｍ）の鉄砲櫓、二間（四ｍ）×七間（一四ｍ）の休息櫓が連続するが、そのうち南角櫓だけに二間（四ｍ）四方の二階がある。屛風の本丸部分の描写は「間数覚」が示す大きさや構造と齟齬がなく、櫛形門の半円形の窓など、建物の特徴をよく捉えて描かれていることが分かる。

さらに堀之内に範囲を広げ、宇和島城の出入口に焦点を絞りその描写を見ていく。宇和島城は、藤堂高虎が築く城に特徴的な海城としての性格をもっており、海から直接出入りができる門が設けられていた。それが堀之内の北東、海に面してつくられた黒門である（図５）。黒門は二間半（五ｍ）×一五間半（三一ｍ）の平屋建ての長屋門で、その東側には二階建ての黒門脇角櫓が付属するが、角櫓は二間（四ｍ）×七間（一四ｍ）の折れ廻しに二間（四ｍ）四方の二階部分が載る。黒門と黒門脇角櫓については、明治四一年（一九〇八）に撮影された写真があるが（図６）、海に開かれた黒門が宇和島城の船着場として機能するとともに、二階建ての黒門脇角櫓が海を監視する役割を担っていたことがうかがえる。

陸側については、堀之内南東の大手口、南西の搦手口の二カ所から出入りした。大手口は次節で取り上げることとして、ここでは搦手口の描写を検討する（図7）。内堀に架けられた木橋が豊後橋で、その先の搦手口は外枡形で二の門が設けられていない構造になっている。豊後橋の手前に木札が立っているが、これは下馬札を表現している。下馬札は、宇和島藩「記録抜書」の元和三年（一六一七）の項に「従　秀忠公伏見御城千畳鋪御殿　秀宗様御拝領、宇和嶋江御引三之丸ニ被建之由、其時伏見　御城之下馬札弐枚差添御拝領、宇和嶋追手搦手ニ被建之由」とある。真偽のほどは定かではないが、宇和島藩において大手と搦手に設置された下馬札が将軍家からの拝領品と認識されていたこと

図５　**黒門付近**　左上が黒門脇角櫓と黒門。

図６　**黒門脇角櫓と黒門**（愛媛県立図書館蔵写真）

図７　**搦手口付近**　中央に搦手門、その下に豊後橋。

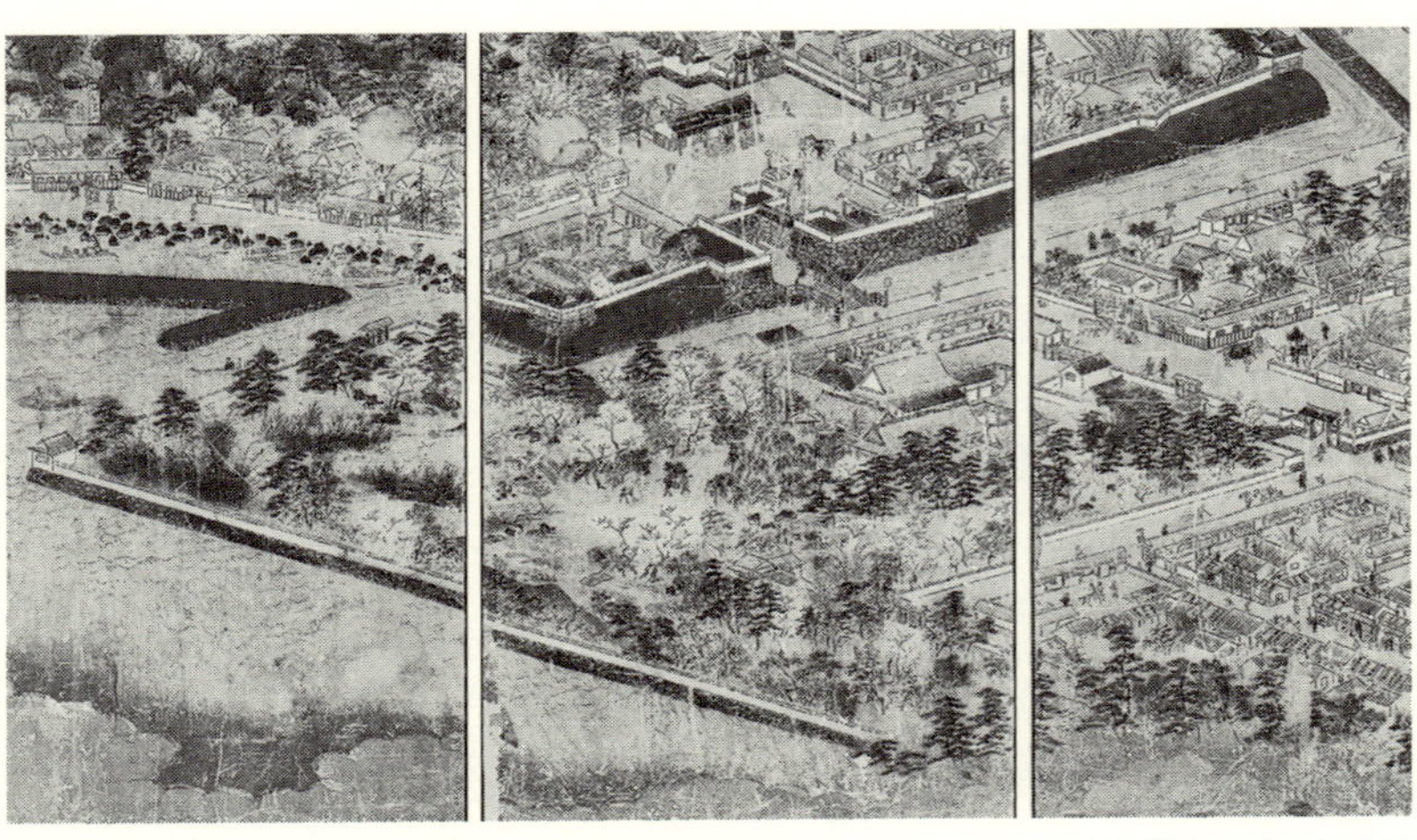

図8　浜御殿周辺　浜御殿には隠居した伊達宗利が暮らした。庭には木を植える人の姿も見える。

を示している。また、伊予史談会文庫には、旧宇和島藩主伊達家に当時現存していた下馬札を昭和九年（一九三四）に調査した記録が残されている。そこには下馬札が原寸で筆写されているが、横の最大幅が約六八cm、縦が約七一cmを測り、その中央に大きく下馬の文字が書かれている。下馬札が宇和島藩伊達家にとって由緒ある品と考えられていたからこそ、大手と搦手の二カ所に描き込まれたものといえよう。

堀之内を離れて搦手口の南側に視点を移すと、豊後橋の手前、海に突き出るように一際大きな屋敷地が描かれている。この屋敷地が浜御殿である（図8）。浜御殿があった場所は、藤堂高虎の時代には城代屋敷があったと考えられるが、承応三年（一六五四）頃の景観年代とされる「宇和島城下絵図」では、六七間（一三四m）×八九間（一七八m）の長方形の土地に「御屋敷地」と記されており、既に御殿が整備されていた可能性がある。その後二代藩主宗利の時代である寛文一〇年（一六七〇）から延宝五年（一六七七）にかけて埋め立てによる拡張工事が進み、屏風に描かれている凸型の屋敷地が完成したことになる。

元禄六年（一六九三）に二代藩主宗利が隠居するとその翌年には

宇和島に帰り、三代藩主宗贇が三の丸御殿を使うのに対して、宗利は浜御殿に入る。屏風にはそれから間もない浜御殿の様子が描かれていることになる。浜御殿の庭には、木を植える職人の姿があるが、宗利が浜御殿に入るにあたり、建物はもちろんのこと、庭園の整備も進められたものと考えられる。また、浜御殿の描写で注目される点としては、「□亭」と記された上部が欠損した貼札があることが挙げられる。これまでの研究では見落とされてきた貼札であるが、これについては次節で改めて取り上げる。

次に宇和島城南東部の内堀に面した堀端通りの武家屋敷の描写を検討する（図9）。堀端通りには、上から順に宍戸将監・桑折丹波・桜田大炊といった家老をつとめる上級武士の屋敷が建ち並ぶ。そのうち「宍戸将監」の貼札がある屋敷の門前を見ると、馬に乗る人物が四人の供を従えている。そして宍戸将監の屋敷からはそれを出迎えるように一人が表門に向かっている。これだけの数の家来を抱え、馬をもっていることから考えると、ここに描かれた馬上の武士は宍戸将監本人である可能性が高い。屏風には多くの人物が描き込まれているが、それらをどのような情景として描くかについては、発注者の何らかの意図が込められていたものと考えられる。

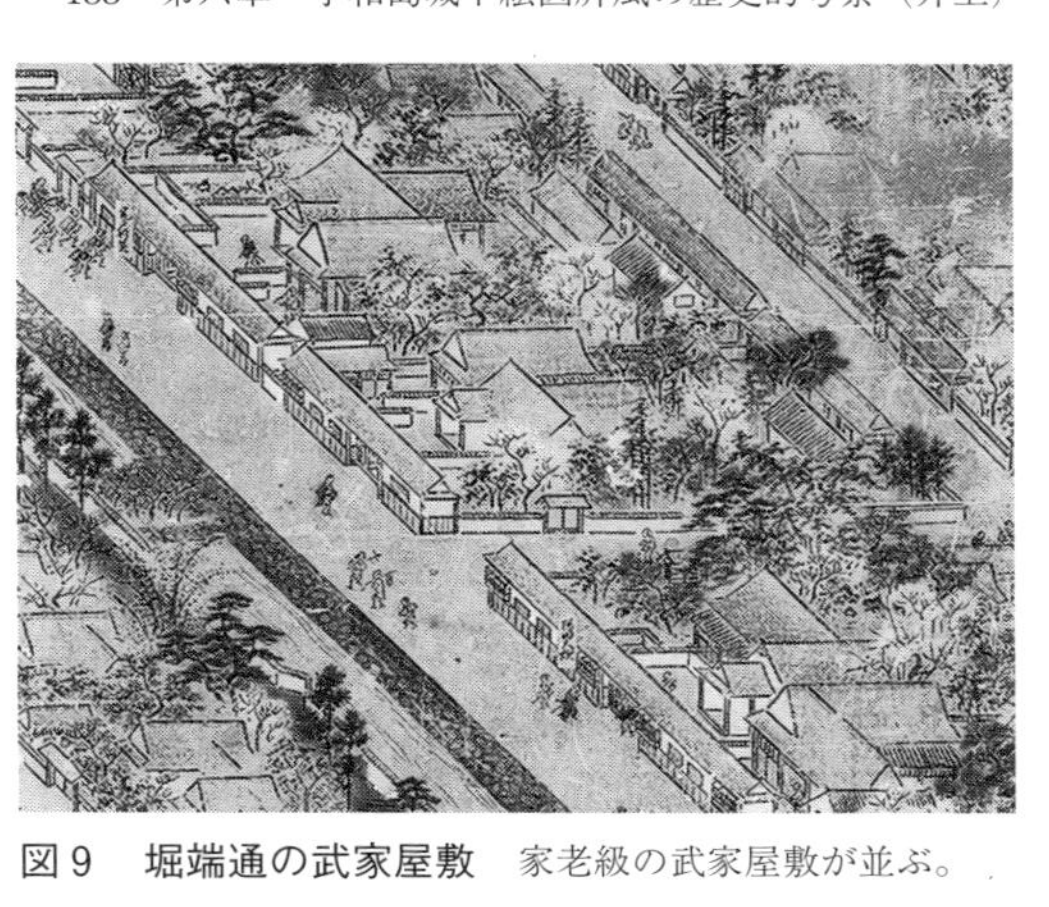

図9　堀端通の武家屋敷　家老級の武家屋敷が並ぶ。

堀端通りの武家屋敷には、道路に面した表側にいずれも長屋門が設けられている。宇和島で長屋門が現存しているのは、やはり家老をつとめた桑折家のものがあげられるが、屏風が描かれた当時、桑折家は宍戸将監と桜田大炊に挟まれて屋敷があった。その後桑折家は堀之内に屋敷地を移すが、

図10　桑折家長屋門（愛媛県歴史文化博物館蔵写真）

その長屋門が城山の北登城口に曳家、保存されている。城山登城口の長屋門は、向かって左側の大部分が切り取られ原形をとどめていないが、曳家以前の元の場所にあった時代に撮影された写真が遺っているので紹介する（図10）。

長屋門の大きさは全長約三五ｍ、奥行四・一ｍで、向かって右側に馬屋、左側に門番や使用人はじめ、中間・小者が居住する空間があった。堀端通りの長屋門も同じような構造になっていたものと思われる。桑折家の長屋門は江戸中期の建築とされ、正面全体に腰板を巡らしているが、この板は奥州から取り寄せたという言い伝えがある。屛風に描かれた堀端通りの屋敷もやはり腰板をまとっており、桑折家の長屋門との類似点がうかがえる。桑折家の長屋門は、屛風に描かれている堀端通りの屋敷にあったものを改造して、堀之内に移築した可能性も考えられる。

堀端通りの武家屋敷の内部を描いた絵図としては、文政九年（一八二六）の「桜田監物屋敷図」（宇和島伊達文化保存会蔵）がある（図11）。この絵図により、「桜田大炊」と貼札がある屋敷の江戸後期の姿がうかがえる。桜田屋敷の広さを、江戸時代中期の「宇和島士邸間割帳」（伊予史談会蔵）で確認すると次のとおりである。

桜田修理

一表口四拾弐間六尺三寸　　一裏口四拾四間五寸

一左脇四拾七間壱尺　　一右脇四拾七間四尺六寸

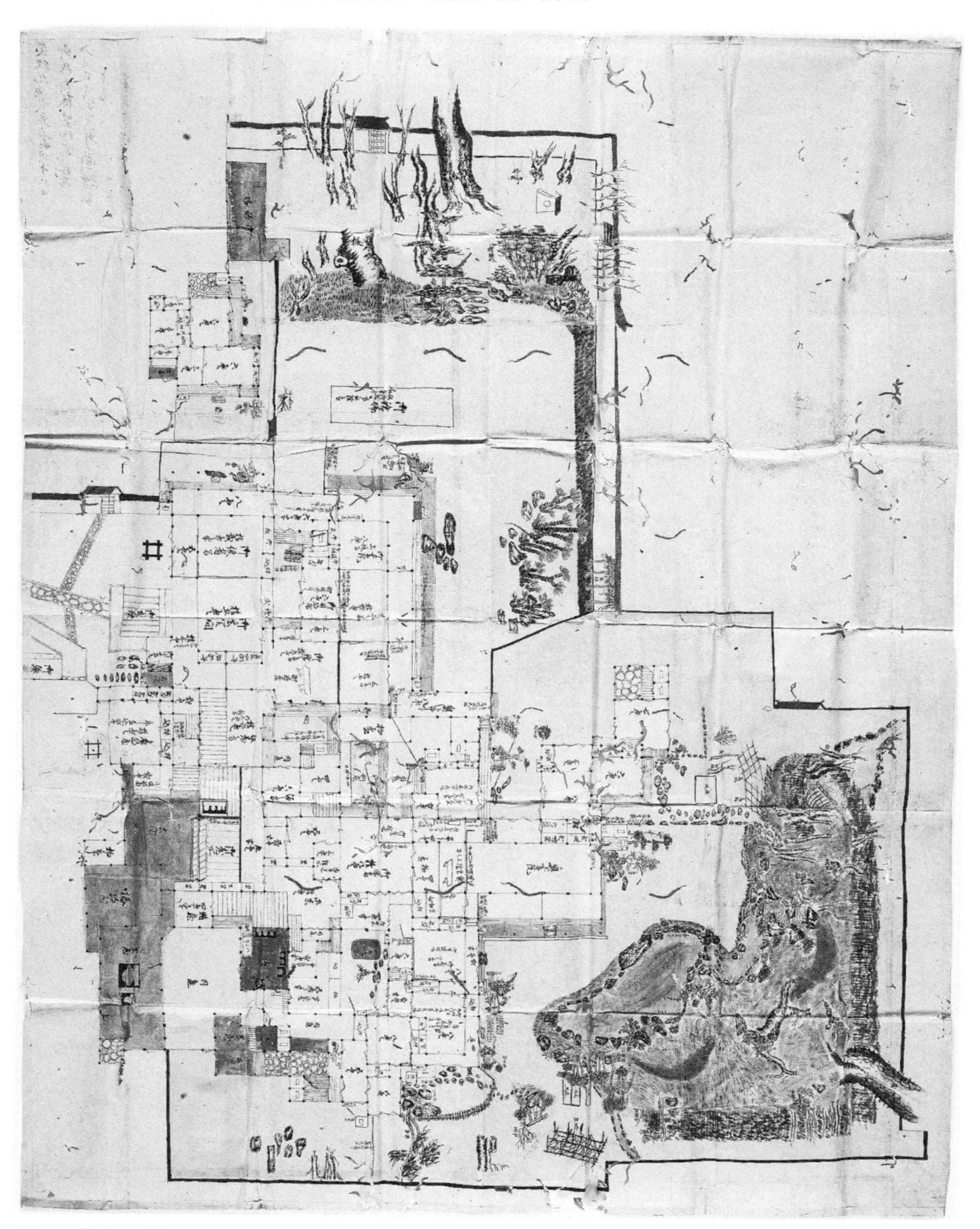

図11　「桜田監物屋敷図」　左側が北、堀端通りに当たる。左上に描かれた石畳を進むと式台付きの玄関に突き当たる。宇和島藩６代藩主伊達村寿の桜田屋敷の訪問に際して作成された絵図で、庭の木の種類などが細かく描写されている。

坪数弐千四拾八坪八合

桜田屋敷は、中級藩士の武家屋敷の五、六軒分に当たる二〇〇〇坪余りの敷地を有していた。屛風によると堀端通りに面した四二間の表口には腰板を巡らせた長屋門を構えているが、この長屋門には、桑折家と同様に馬屋とともに家来が住む居住空間が設けられていたのであろう。桜田大炊の家系からの分家に当たる桜田数馬家では、文化七年（一八一〇）の宗門改の際に提出した記録により、下男一二人、下女一二人、畑守の家族が五人、合計で二九人の家来を抱えていたことが分かるが、桜田大炊家についても少なくとも同じ位の人数の家来を抱えていたものと思われる。

屛風では長屋門から入った先には大きな母屋があり、殿様の御成りがあった際などに用いる式台付きの玄関が見える。一方「桜田監物屋敷図」は長屋門を描かずに、長屋門の開口部の先にあった石畳から描かれている。石畳を進むと正面にやはり式台付きの玄関に行き当たり、その奥には「御玄関間」「御使者間」「御鎗之間」「御用部屋」「御書院」「二之間」「三之間」など、家老としての執務や接客に当たる表向きの空間がある。その棟の西側には奥向きの生活空間が集められおり、手前には「捧部屋」「釜屋」「賄蔵」「御台所」などの料理を準備、提供する施設が置かれ、その次に「御茶間」「御居間」「御末」「中居部屋」「女中部屋」などの当主や家族の生活居間、使用人の居住空間があり、最も奥に当主のプライベート空間である「奥書院」が設けられていた。桜田屋敷では、家老としての執務や接客のための表向きの空間と、日常生活を行う奥向きの空間が東西できれいに分けられていたことになる。

桜田屋敷の南西側には、「奥書院」に相対して池水庭園が広がっている。大きな池を中心に小型の燈籠や様々な形をした大小の庭石を巧みに配した庭園空間が写実的に描かれている。庭木には種類が記されているが、桜・松・楓・柿・クチナシ・海棠・槇・朝鮮ツハなどのほかにも、藤棚や梨棚があり、庭園が季節ごとの花により彩られていたことが想像される。また、内庭部分には金魚池があり、金魚を飼育していたことも分かり興味深い。

「桜田監物屋敷図」は屏風と時代が隔たっているが、式台付き玄関の位置をはじめ、東西で大きく表向きの空間、奥向きの空間に分かれていること、南側に庭園空間が広がることなど、二つの史料の表現には共通する部分も多い。屋敷図は屏風の写実性を裏付ける史料として注目される。

第三節　発注者、絵師の検討

襖絵の発注者については、内田九州男氏は二代藩主伊達宗利として、人名貼札がされているのがいずれも宗利のゆかりの藩士であること、三の丸御殿が城山の影になり描かれていないのに対して、宗利が晩年に住んだ浜御殿が大きく描かれていることをその根拠に挙げている。その点については筆者も全く異論がなく、宗利を発注者と考えている。なお、浜御殿の敷地内に上部が欠損した「□亭」という貼札があることを前節で紹介したが、発注者が宗利とすると、「□亭」は宗利にとって重要な意味をもつ建物と思えてくる。時代は下るが、文久四年(一八六四)に七代藩主伊達宗紀の隠居屋敷として浜御殿内に南御殿が整備されるが、そこには潜淵館・春雨亭・月見亭などの建物が設けられていた。「□亭」とある場所も、宗紀の場合と同様に宗利の隠居屋敷として整備された空間とも見なせる。最初に屏風を紹介した新聞記事には、「このびょうぶ絵は藩主の部屋のふすまに描かれていたと推定される」とあるが、「□亭」の貼札のある宗利のプライベートな空間こそが、この襖絵を飾るにふさわしい場といえるのではなかろうか。

また、発注者を宗利とする時、浜御殿以外にもう一つ気になる表現がある。それは第四扇の上部、「大手」と貼紙された宇和島城大手口の描写である(図12)。宇和島城の正面、大手口に設けられた追手門は、「間数覚」によると四

図12　大手口付近　中央に巨大な櫓門である追手門が聳える。その追手門に向かって駕籠に乗り、供揃えを整えて進む武士の行列が見える。

図13　追手門（愛媛県立図書館蔵写真）　明治35年（1902）頃撮影。

間（八ｍ）×一二間（二四ｍ）とあり、渡櫓をもつ巨大な櫓門であったことが分かる。宇和島藩の記録「御歴代事記」には、「寛文六年十一月廿一日、大手御門成就葛石此時出来」とあり、寛文六年（一六六六）に伊達家により再建されたものと考えられてきたが、宇和島市教育委員会の発掘調査により発見された根石の加工方法が藤堂高虎の城に共通して見られること、櫓の外観が柱を見せる古式なものであることから、慶長期までさかのぼる可能性が指摘されている〔宇和島市教育委員会二〇一〇〕。追手門は昭和二〇年（一九四五）七月一二日の宇和島空襲により焼失するが、それ以前は国内に現存する城門の中では最大級の門とされており、「十万石に過ぎた門」という言葉にふさわしく、宇和島城の中で最も見栄えがする空間である（図13）。

その点を押さえた上でもう一度大手口の描写に目を向けると、駕籠を中心とした武士の行列が描き込まれていることに気づく。草履取り・挟箱持・槍持などの供揃えを従えた行列であり、それを出迎えるように追手門から駆け付ける武士の姿も見える。行列の前方には膝をついて頭を下げる武士も描かれており、行列には敬意が払われている様子がうかがえる。「洛中洛外図」などの都市図については、建物などの景観のみならず、人物などが描かれている情景についても注文主の意向が反映されていることが明らかにされているが、それをふまえると大手の情景は、浜御殿に住む二代藩主宗利が正門である追手門から入り、三の丸に住む三代藩主宗贇を訪ねる場面を描かせていると読み解ける。二代宗利から三代宗贇へと家督相続がなされ、宗利が整備した宇和島城下が未来に向けて永く栄えるようにという願いが込められた描写といえる。

なお、襖絵を描いた絵師については名前がなく不明であるが、「御歴代事記」の元禄一二年（一六九九）三月二七日の項に次のような記事がある。

　廿七日、一、黒子太兵衛倅半七、狩野探信方へ遣、絵之方執行之義坂本千六願済、

この日、黒子太兵衛の倅半七が、狩野探信のもとに派遣されている。絵のことについては坂本千六を通じて既に願いが済んでいることが記されている。狩野探信は、狩野探幽の子で、名は守政。承応二年（一六五三）、探幽が五二歳の時に生まれ、後に鍛冶橋狩野家を継ぎ、京都御所や江戸城の障壁画制作に参加している。この記事については、宇和島藩が何らかの絵を依頼していたようにも受け取れる内容で、襖絵の景観年代に極めて近い時期に当たる。襖絵を描いた候補の一人として、鍛冶橋狩野家の可能性を指摘しておきたい。

おわりに

本章では「宇和島城下絵図屛風」について人名貼札の検討を行い、制作年代を宝永元年(一七〇四)から三年までの間に絞り込んだ。一方、景観年代は、西側海岸線の描写が元禄一二年(一六九九)以前の情報となっていることから元禄終わり頃と推定した。宇和島藩二代藩主伊達宗利は、元禄六年一一月一四日に家督を養嗣子の宗贇に譲り、翌年四月二二日に宇和島に戻り、以後浜御殿で暮らしている。「宇和島城下絵図屛風」は、隠居した宗利が自らの改修した宇和島城の姿を後世に遺すべく絵師に描かせたもので、宇和島に帰ってからしばらくして準備が始まり、亡くなる宝永五年より少し前に襖絵として完成したものと見なせる。実用性の高い地図の上に都市景観を絵画的に立ち上げたタイプの都市図であり(丸山一九九二)、宗利の強い意向により制作されたものだけに、宇和島城下を描いた絵図史料や「間数覚」などの文献史料とも一致する部分が多く、極めて写実性に優れた絵画史料といえる。

なお、地方都市の城下町を描いた屛風は、管見の限りでは一二点しか確認できていない(愛媛県歴史文化博物館二〇一四)。そのうち四国の城下町については、「宇和島城下絵図屛風」以外にも、寛永末頃の「高松城下図屛風」と元禄頃の「松山城下図屛風」とが現存している。いずれも当時の藩主の強い意向により制作された都市図であり、「高松城下図屛風」は高松藩初代藩主松平頼重、「松山城下図屛風」は松山藩四代藩主松平定直が築き上げた城下の姿を正確な描写により現在に伝える絵画史料と評価できる。これらの都市図は、当時の城下町の景観を総合的に知ることができる数少ない史料として、歴史・美術・建築・考古学など、今後様々な分野での活用が期待される。

参考文献

【自治体史】

『愛媛県史』資料編古代・中世（一九八三年）・資料編近世上（一九八四年）

『香川県史』別編Ⅱ年表（一九九〇年）

『高知県史』古代・中世編（一九七一年）

『徳島県史』（一九六五年）

『松山市史』第二巻　近世（一九九三年）

『新編丸亀市史』4資料編（一九九三年）

【史料集】

伊予史談会編『垂憲録・垂憲録拾遺』（伊予史談会双書第一二号、一九八六年）

伊予史談会編『予陽郡郷俚諺集・伊予古蹟志』（伊予史談会双書第一五号、一九八七年）

川村源七・志野昇編『長宗我部地検帳』（高知県立図書館、一九五七年～一九六五年）

近代史文庫宇和島研究会編『家中由緒書』上・中・下（一九七八年～一九八〇年）

近代史文庫宇和島研究会編『記録書抜伊達家御歴代事記』一（一九八一年）

佐野之憲『阿波誌』（芳川堂、一九三二年）

名古屋市博物館編『豊臣秀吉文書集』二・三（吉川弘文館、二〇一六年・二〇一七年）

矢島町教育委員会編『郷土史資料集第一集　町指定文化財（古文書）　讃羽綴遺録　生駒親孝著』（一九九四年）

『武功夜話　前野家文書』一～四巻（新人物往来社、一九八七年）

【史料】

伊予史談会文庫「宇城秘録」（一九一八年）

伊予史談会文庫「宇和島士邸間割帳」（一九二九年）

中山茂純『阿淡年表秘録』（一八四五年）

小杉榲邨『阿波国徴古雑抄』「城跡記」「阿波志」（一九一三年）

【報告書など】

（愛媛県内）

愛媛県教育委員会編『愛媛県中世城館跡分布調査報告書』（一九八七年）
（財）愛媛県埋蔵文化財調査センター編『史跡「松山城跡」内県民館跡地―愛媛県美術館の建設に伴う埋蔵文化財調査報告書―』（二〇〇〇年）
宇和島市『重要文化財宇和島城天守修理工事報告書』（一九六二年）
宇和島市教育委員会『宇和島城通信』No.4（二〇一〇年）
大洲市商工観光課編『大洲城天守閣復元事業報告書』（二〇〇四年）
松野町教育委員会編『河後森城発掘調査報告書』（一九九二年）
松山市教育委員会・（公財）松山市文化スポーツ振興財団『松山市埋蔵文化財調査年報』一五～一八（二〇〇四年～二〇一六年）

（香川県内）

北山健一郎『香川県歴史博物館建設に伴う埋蔵文化財発掘調査報告　高松城跡』（香川県教育委員会・（財）香川県埋蔵文化財調査センター、一九九九年）
大嶋和則『香川県弁護士会会館建設に伴う埋蔵文化財発掘調査報告　高松城跡（松平大膳家中屋敷跡）』（高松市教育委員会・香川県弁護士会、二〇〇二年）
香川県教育委員会編『香川県中世城館跡詳細分布調査報告』（二〇〇三年）
佐藤竜馬ほか『サンポート高松総合整備事業に伴う埋蔵文化財発掘調査報告　第四冊　高松城跡（西の丸町地区）Ⅱ』（香川県教育委員会・（財）香川県埋蔵文化財調査センター、二〇〇三年）
松本和彦ほか『サンポート高松総合整備事業に伴う埋蔵文化財発掘調査報告　第五冊　高松城跡（西の丸町地区）Ⅲ』（香川県教育委員会・（財）香川県埋蔵文化財調査センター、二〇〇三年）
小川賢ほか『新ヨンデンビル別館建設に伴う埋蔵文化財発掘調査報告　高松城跡（松平大膳家上屋敷跡）』（高松市教育委員会・四電ビジネス株式会社、二〇〇四年）
乗松真也『サンポート高松総合整備事業に伴う埋蔵文化財発掘調査報告　第六冊　浜ノ町遺跡』（香川県教育委員会・（財）香川県埋蔵文化財調査センター、二〇〇四年）

小川賢ほか『共同住宅建設（コトデン片原町パーキング跡地）に伴う埋蔵文化財発掘調査報告　高松城跡（東町奉行所跡）』（高松市教育委員会・高松琴平電気鉄道株式会社、二〇〇五年）

小川賢ほか『丸亀町商店街A街区第一種市街地再開発事業に係る隔地駐車場建設に伴う埋蔵文化財発掘調査報告　高松城跡（厩跡）』（高松市教育委員会・高松市丸亀町商店街A街区市街地再開発組合、二〇〇六年）

大嶋和則『史跡高松城跡整備報告書　第四冊（高松城史料調査報告書』（高松市・高松市教育委員会、二〇〇九年）

大嶋和則ほか『高松城跡（天守台）―発掘調査編―』（高松市・高松市教育委員会、二〇一二年）

（高知県内）

高知県教育委員会編『高知県中世城館跡』（一九八四年）

高知県教育委員会編『岡豊城跡発掘調査概報―第一～三次調査概要報告書―』（一九八八年）

高知県教育委員会編『岡豊城跡第一～五次発掘調査報告書』（一九九〇年）

高知県教育委員会編『史跡高知城跡―本丸石垣整備事業報告書―』（二〇〇四年）

（財）高知県文化財団埋蔵文化財センター編『岡豊城跡Ⅱ―第六次発掘調査報告書―』（一九九二年）

高知市教育委員会・（財）高知県文化財団埋蔵文化財センター編『浦戸城跡―国民宿舎「桂浜荘」改築工事に伴う発掘調査報告書―』（一九九五年）

（財）高知県文化財団埋蔵文化財センター編『高知城跡―伝御台所屋敷跡史跡整備事業に伴う発掘調査報告書―』（一九九五年）

（財）高知県文化財団埋蔵文化財センター編『高知城跡三ノ丸跡―石垣整備事業に伴う試掘確認調査概要報告書―』（二〇〇一年）

（財）高知県文化財団埋蔵文化財センター編『岡豊城跡Ⅲ―国分川激甚災害対策特別緊急事業に伴う発掘調査報告書―』（二〇〇二年）

（財）高知県文化財団埋蔵文化財センター編『史跡高知城跡―三ノ丸石垣整備事業に伴う発掘調査報告書―』（二〇一〇年）

南国市教育委員会編『史跡岡豊城跡保存管理計画書』（二〇一二年）

（徳島県内）
徳島県教育委員会編『徳島県の中世城館』（二〇一一年）
徳島市教育委員会編『国指定史跡徳島城跡　石垣現状基礎調査報告書』（二〇〇六年）
「阿波一宮城」編集委員会編『阿波一宮城』（徳島市立図書館、一九九三年）

【図録】
伊予史談会編『伊予史談会所蔵絵図集成』（二〇一三年）
愛媛県歴史文化博物館編『戦国南予風雲録―乱世を語る南予の名品―』（二〇〇七年）
愛媛県歴史文化博物館編『掘り出されたえひめの江戸時代くらし百花繚乱』（二〇〇八年）
愛媛県歴史文化博物館編『伊予の城めぐり―近世城郭の誕生―』（二〇一〇年）
愛媛県歴史文化博物館編『松山城下図屏風の世界』（二〇一四年）
香川県歴史博物館『海に開かれた都市　高松―港湾都市九〇〇年のあゆみ―』（二〇〇七年）
国立歴史民俗博物館編『天下統一と城』（読売新聞社、二〇〇〇年）
吉田町歴史民俗資料館編『描かれた郡山城展―絵図にみる戦国の城と城下町―』（一九九三年）

【辞典・叢書など】
高田豊輝『阿波近世用語辞典』（二〇〇一年）
坪井清足・吉田靖・平井聖『復元大系・日本の城⑦（南紀・四国）』（ぎょうせい、一九九三年）
鳥羽正雄『日本城郭辞典』（東京堂出版、一九七一年）
三浦正幸『城のつくり方図典』（小学館、二〇〇五年）
村田修三編『図説中世城郭辞典』一～三巻（新人物往来社、一九八二年）
村田修三監修『日本名城百選』（小学館、二〇〇八年）
『城絵図を読む』（学習研究社、二〇〇五年）
『戦国乱世・武将・城郭辞典』（新人物往来社、一九七七年）
『徳島県の地名』（平凡社、二〇〇〇年）
『日本城郭総覧』（秋田書店、一九八一年）
『日本城郭総覧』（秋田書店、一九八六年）
『日本城郭大系・別巻Ⅱ・城郭研究便覧』（新人物往来社、一九八一年）

『松山城』（松山市役所、一九九四年増補五版）
『名城絵図集成（東日本の巻・西日本の巻）』（小学館、一九八六年）
『歴史読本　特集：織田・豊臣の城を歩く』（新人物往来社、二〇〇八年）

【著書・論文】

朝倉慶景「中世の土佐郡潮江地域について」（『土佐史談』二五六号、二〇一四年）
浅利尚民・内池英樹『石谷家文書―将軍側近のみた戦国乱世―』（吉川弘文館、二〇一五年）
東　信男「讃岐国における城割について」（中国・四国地区城館調査検討会編『西国城館論集Ⅰ』、二〇〇九年）
天野忠幸「蜂須賀家政の徳島城築城をめぐって」（『戦国史研究』六一号、二〇一一年）
飯田義資「阿波のお禁め石」（『粟之抜穂』巻一、一九六一年）
池田　誠「岡豊城」「仏殿城」「大除城」（村田修三編『図説中世城郭事典』三巻、新人物往来社、一九八七年）
池田　誠「近世山城における「給水」装置について―讃岐引田城を事例として―」（『戦乱の空間』四号、二〇〇五年）
池田　誠「高知平野及び周辺部に見える「小粋な」小規模『城郭』群」（『戦乱の空間』一〇号、二〇一一年）
石躍胤央・北條芳隆・大石雅章・高橋啓・生駒佳也『徳島県の歴史』（山川出版社、二〇〇七年）
石畑匡基「土佐藩における「諸国城割令」の受容と破城」（『高知県立歴史民俗資料館研究紀要』二一号、二〇一六年）
市村高男「永禄末期における長宗我部氏の権力構造―一宮再興人夫割帳の分析を中心に―」（『海南史学』三六号、一九九八年）
井上　淳「宇和島城下絵図を読み解く―浜御殿の建設年代を中心に―」（愛媛県歴史文化博物館編『伊予の城めぐり』、二〇一〇年）
井上宗和『日本の城の基礎知識』（雄山閣出版、一九七八年）
井上宗和『四国の城と城下町』（愛媛新聞社、一九九四年）
牛田義文『稿本・墨俣一夜城』（歴研、二〇〇五年）
内田九州男「宇和島城下図屏風の制作年代について」（『伊予の近世史を考える』、創風社出版、二〇〇一年）
胡　光「高松城下図屏風」の歴史的前提」（香川県歴史博物館『調査研究報告』三号、二〇〇七年①）

胡　光「統一政権と高松藩―四国の大名配置をめぐって―」(『地方史研究』三三九号、二〇〇七年②)
胡　光「四国の大名」(四国地域史研究連絡協議会編『四国の大名―近世大名の交流と文化―』、岩田書院、二〇一一年)
宇山孝人「二つの「一国一城令」と阿波九城の終焉をめぐって」(『徳島県立文書館研究紀要』六号、二〇一四年)
大類伸・大場彌平『続日本の名城』(人物往来社、一九六〇年)
小野正敏「十五～十六世紀の染付碗、皿の分類と年代」(『貿易陶磁研究』二号、一九八二年)
小和田哲男『戦国の城』(学習研究社、二〇〇七年)
唐木裕志・橋詰茂編『中世の讃岐』(美巧社、二〇〇五年)
北垣聡一郎『石垣普請』(法政大学出版局、一九八七年)
城戸　久「伊予宇和島城天守寛文再築とその創築天守に就て」(『建築学会論文集』二八号、一九四三年)
楠　寛輝「松山城にみる石垣構築技術」(『研究紀要金沢城研究』七号、二〇〇九年)
小出植男『蜂須賀蓬庵』(徳島県、一九一五年)
小谷徳彦「コビキAとコビキB」(『織豊系城郭とは何か―その成果と課題―』、サンライズ出版、二〇一七年)
河野幸夫『徳島・城と町まちの歴史』(聚海書林、一九八二年)
酒井勇治『徳島城―徳島城跡を歩く―』(芳川堂印刷所、二〇一四年)
佐藤竜馬「初期高松城下町の在地的要素」(『港町の原像―中世港町・野原と讃岐の港町―』、四国村落遺跡研究会、二〇〇七年)
下高大輔「考古学的な織豊城郭研究の視点とその方法に関する基礎的整理―パーツ論・構造論・そして縄張り論へ―」(『織豊城郭』一三号、二〇一三年)
白峰　旬『幕府権力と城郭統制―修築・監察の実態―』(岩田書院、二〇〇六年)
助野健太郎・小和田哲男『近江の城下町』(桜楓社、一九七五年)
千田嘉博『織豊系城郭の形成』(東京大学出版会、二〇〇〇年)
千田嘉博「戦国期城郭の空間構成」(『国立歴史民俗博物館研究報告』一〇八集、二〇〇三年)
千田嘉博・小島道裕・前川要『城館調査ハンドブック』(新人

物往来社、一九九三年）
千田嘉博・小島道裕『天下統一と城』（塙書房、二〇〇二年）
高木辰男「松前城跡周辺出土物調査記」（『松前史談』七号、一九九一年）
富田泰弘「伊予松前城下町の復元に関する歴史地理学的研究」（足利健亮先生追悼論文集編纂委員会編『地図と歴史空間』、大明堂、二〇〇〇年）
西ヶ谷恭弘『戦国の城（上）』（学習研究社、一九九四年）
西ヶ谷恭弘『戦国の城（総括編）』（学習研究社、一九九四年）
西ヶ谷恭弘『復元図譜　日本の城』（理工学社、一九九四年）
根津寿夫「安宅島の移転について」（徳島地方史研究月例会報告レジュメ、二〇〇三年）
日和佐宣正「伊予国桑村郡鷺之森城について―地籍図・都市計画図から窺う立地と構造―」（『戦乱の空間』二号、二〇〇三年）
日和佐宣正「近世初頭の支城伊予加藤嘉明領拝志城―地籍図の検討及び国分山城との関連より―」（『戦乱の空間』一〇号、二〇一一年）
日和佐宣正「登り石垣のある大除城」（『戦乱の空間』一二号、二〇一三年）
福井健二『築城の名手藤堂高虎』（戎光祥出版、二〇一六年）
福永素久「阿波蜂須賀氏の支城「阿波九城」について」（『史学論叢』三七号、二〇〇七年）
藤崎定久「古城めぐり・その三一～三二」（『大塚製報』一二三～一二四号、一九六一年）
藤田達生『日本中・近世移行期の地域構造』（校倉書房、二〇〇〇年）
藤田達生『日本近世国家成立史の研究』（校倉書房、二〇〇一年）
藤田達生「伊予八藩成立以前の領主と城郭」（『よど』七号、二〇〇六年）
藤田達生「伊予松山城天守考―寛永国絵図を素材として―」（『伊予史談』三八二号、二〇一六年）
本田　昇「蜂須賀家政の徳島城築城に関する考察」（『史窓』二八号、一九九八年）
前川要・千田嘉博・小島道裕「戦国城下町研究ノート」（『国立歴史民俗博物館研究報告』三二集、一九九一年）
松田直則「高知城出土の桐紋瓦と石垣」（『織豊城郭』八号、二〇〇一年）
松田直則「土佐の城郭瓦考」（『織豊城郭』一五号、二〇一五

年①)
松田直則「土佐における織豊系城郭の成立と展開—秀吉期を中心として—」(中国・四国地区城館調査検討会編『西国城館論集』Ⅲ、二〇一五年②)
丸山伸彦「江戸図の諸相」(『描かれた江戸』、国立歴史民俗博物館、一九九一年)
三浦正幸「伊予宇和島城の慶長創建天守」(『日本建築学会中国支部研究報告集』一八巻、一九九四年)
三浦正幸監修『図説「城造り」のすべて』(学習研究社、二〇〇六年)
光成準治「中・近世移行期における破城と統治」(『歴史評論』六八二号、二〇〇七年)
光成準治「小早川氏の伊予入部と地域領主」(『伊予史談』三八二号、二〇一六年)
宮尾克彦「近世大洲城の成立—歴代領主像の再検討と縄張に見る普請過程—(上)(下)」(『温古』復刻一九号・二〇号、一九九七年・一九九八年)
宮尾克彦「伊予松山城の縄張り構造と大名権力」(『戦乱の空間』創刊号、二〇〇二年)
宮尾克彦「国分山城から今治城へ—伊予府中地域における近世移行期城郭の変遷—」(『今治史談』合併号一〇号、二〇〇三年)
宮尾克彦「加藤期松山城本壇の構造と石垣構築技法について」(『戦乱の空間』一四号、二〇一五年)
森山恒雄『豊臣氏九州蔵入地の研究』(吉川弘文館、一九八三年)
柳原多美雄「松山城の建築について」(『伊予史談』一八二号、一九六六年)
山内治朋「慶長5年加藤・藤堂協定書を読む—知行配分を手がかりとして—」(愛媛県生涯学習センター編『人物探訪』一集、一九九七年)
山内治朋「四国平定直後の伊予の城郭整理」(愛媛県歴史文化博物館編『伊予の城めぐり』、二〇一〇年)
山内治朋「豊臣期戸田勝隆の南伊予入封と支配—入封期における役割を中心に—」(『戦国史研究』六九号、二〇一五年)
山内　譲「伊予国三津と湊山城」(『四国中世史研究』七号、二〇〇三年)
渡邊世祐『蜂須賀小六正勝』(雄山閣、一九二九年)

執筆者紹介（五十音順）　＊編集担当者
＊井上　淳（いのうえ　じゅん）
愛媛県歴史文化博物館／伊予史談会
大嶋 和則（おおしま　かずのり）
高松市創造都市推進局文化財課／香川歴史学会
酒井 勇治（さかい　ゆうじ）
徳島城址を愛する会／徳島地方史研究会
西村 直人（にしむら　なおと）
松山市教育委員会文化財課／伊予史談会
松田 直則（まつだ　なおのり）
（公財）高知県文化財団埋蔵文化財センター／高知海南史学会
山内 治朋（やまうち　はるとも）
愛媛県歴史文化博物館／伊予史談会

岩田書院ブックレット
歴史考古学系H23

四国の近世城郭

2017年（平成29年）10月　第1刷 800部発行　定価［本体1700円＋税］

編　者　四国地域史研究連絡協議会

発行所　有限会社岩田書院　代表：岩田　博　http://www.iwata-shoin.co.jp
〒157-0062　東京都世田谷区南烏山 4-25-6-103　電話 03-3326-3757　FAX 03-3326-6788
組版・印刷・製本：藤原印刷

ISBN978-4-86602-007-5　C1321　￥1700E

岩田書院ブックレット 歴史考古学系Ｈ

①	史料ネット	平家と福原京の時代	1600円	2005.05
②	史料ネット	地域社会からみた「源平合戦」	1400円	2007.06
③	たばこ塩博	広告の親玉赤天狗参上！	1500円	2008.08
④	原・西海 ほか	寺社参詣と庶民文化	1600円	2009.10
⑤	田村 貞雄	「ええじゃないか」の伝播	1500円	2010.04
⑥	西海・水谷ほか	墓制・墓標研究の再構築	1600円	2010.10
⑦	板垣・川内	阪神淡路大震災像の形成と受容	1600円	2010.12
⑧	四国地域史	四国の大名	品切れ	2011.04
⑨	市村高男ほか	石造物が語る中世の佐田岬半島	1400円	2011.08
⑩	萩原研究会	村落・宮座研究の継承と展開	1600円	2011.09
⑪	四国地域史	戦争と地域社会	1400円	2011.10
⑫	法政大多摩	文化遺産の保存活用とNPO	1400円	2012.03
⑬	四国地域史	四国の自由民権運動	1400円	2012.10
⑭	時枝・由谷ほか	近世修験道の諸相	1600円	2013.05
⑮	中世史ｻﾏｰｾﾐﾅｰ	日本中世史研究の歩み	1600円	2013.05
⑯	四国地域史	四国遍路と山岳信仰	1600円	2014.01
⑰	品川歴史館	江戸湾防備と品川御台場	1500円	2014.03
⑱	群馬歴史民俗	歴史・民俗からみた環境と暮らし	1600円	2014.03
⑲	武田氏研究会	戦国大名武田氏と地域社会	1500円	2014.05
⑳	笹原・西岡ほか	ハレのかたちー造り物の歴史と民俗ー	1500円	2014.09
㉑	四国地域史	「船」からみた四国ー造船・異国船・海事都市ー	1500円	2015.09
㉒	由谷 裕哉	郷土の記憶・モニュメント	1800円	2017.10